# AUGUSTE RODIN

PAR

## CAMILLE MAUCLAIR

LA VIE. — LES ŒUVRES. —
L'ESTHÉTIQUE. — L'INFLUENCE
SUR NOTRE TEMPS.

## LA RENAISSANCE DU LIVRE

78, Boulevard Saint-Michel, PARIS

# AUGUSTE RODIN

# CRITIQUES D'ART DU MÊME AUTEUR

## ART ANCIEN

Histoire de la Peinture italienne du XII<sup>e</sup> au XIX<sup>e</sup> siècle.
Histoire de la Miniature française du XII<sup>e</sup> au XIX<sup>e</sup> siècle.
Watteau.
Fragonard.
Histoire de Florence : l'art, la politique, la cité.
Greuze et son temps.
Schumann.

## ART MODERNE

Histoire de l'art impressionniste.
Louis Legrand.
Victor Gilsoul.
Albert Besnard.
Puvis de Chavannes.
Monticelli.
La Peinture française de 1830 à 1900.
De Watteau à Whistler.
La Beauté des formes.
La Religion de la Musique.
La Musique européenne de 1850 à 1914.
Idées vivantes.

# CAMILLE MAUCLAIR

# AUGUSTE RODIN

## L'HOMME ET L'ŒUVRE

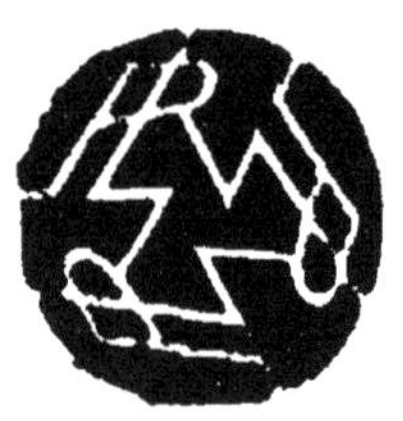

PARIS

## LA RENAISSANCE DU LIVRE

78, Boulevard Saint-Michel, 78

Tous droits de traduction, d'adaptation et de reproduction réservés pour tous pays.
*Copyright by La Renaissance du Livre 1918.*

# AVANT-PROPOS



Auguste Rodin est certainement l'artiste français contemporain sur lequel on a le plus écrit depuis une trentaine d'années. Plusieurs ouvrages et d'innombrables articles de journaux et de revues lui ont été consacrés dans le monde entier, m'incitant à définir exactement le but que je me propose dans le présent livre, au lendemain d'une mort qui fait entrer Rodin dans la sérénité de la tradition et de l'histoire. Avant tout je m'efforce de ne négliger aucun des renseignements pouvant contribuer à préciser la personnalité et l'œuvre. Mais de tels renseignements ont été déjà divulgués, et si je me bornais à en donner au public une nouvelle version, je n'aurais satisfait qu'à la moitié de ma tâche et de mon devoir. L'autre moitié me passionne bien davantage. Il me semble qu'ayant dit d'un homme ce que le lecteur en veut savoir, le critique doit ensuite essayer d'en faire une étude plus intime et plus profonde, toucher à ses idées, à son âme, porter un jugement original, passer, en un mot, du côté iconographique ou biographique au côté artistique et psychologique de son travail.

On a surtout écrit sur Rodin des pages de littérature, des morceaux admiratifs et lyriques, que prétextaient ses sujets favoris. On a beaucoup moins parlé de ses idées personnelles sur les principes techniques de la sculpture, et de ses méthodes de travail. Cela tient à ce que d'abord on craignait de fatiguer le public parce que la technique d'un art l'intéresse moins que les résultats, et donne lieu à des explications arides.

Ensuite, il faut bien avouer que peu d'écrivains s'entendent à ces questions. En peinture comme en statuaire, si l'on ne pratique pas ces arts, si l'on n'est pas assez familier avec le pinceau ou l'ébauchoir pour comprendre les secrets des œuvres sinon pour les produire soi-même, on préfère généralement éviter ces aspects dangereux et s'en tenir à des éloges littéraires. On proclame qu'une œuvre est grande, et on adjure le lecteur d'y croire, mais il est infiniment plus difficile de lui expliquer techniquement, et avec clarté, pourquoi cette œuvre est grande. C'est donc de ce côté que j'ai pensé trouver à dire des choses qu'on ne pourrait lire ailleurs.

Rodin n'a pas seulement créé de belles statues. Il est un novateur (ou plutôt un rénovateur), de par sa façon de sculpter, et cela lui a attiré de vives critiques. Une amitié de vingt années, dont je garde le souvenir ému, m'a permis d'avoir avec lui de nombreuses conversations sur le fond même de son art, sur la manière dont il l'exerça, sur ses idées relativement à son œuvre elle-même et à la statuaire antique et moderne. Ces idées, l'esprit synthétique de Rodin leur donne tant de force, qu'elles sont les motifs de toute son œuvre, et qu'on ne les en peut séparer. J'ai tenu à les résumer : plutôt que de donner au public, par des morceaux plus ou moins brillants, mon opinion, j'ai voulu lui donner celles, infiniment plus intéressantes, que l'artiste a énoncées. Très souvent, en ce livre, je ne ferai que tenir la plume pendant qu'il parlera, et je pense qu'on m'en saura gré. De plus, relativement à la technique, à la façon dont Rodin a conçu la composition, le modelage, je puis, et même, pour inspirer une légitime et nécessaire confiance, je dois dire que Rodin, en montrant avec son Balzac sa première innovation dans son style définitif, eut assez de confiance en mon amitié et ma critique pour me charger d'expliquer ces points délicats dans les revues françaises (1) et dans une conférence ultérieure faite, à l'Exposition de 1900, à Paris, dans le pavillon où il montrait la totalité de ses œuvres. Ces explications, je les ai récrites ici dans leurs lignes essentielles. Voilà où j'ai cherché à faire œuvre de critique original, après avoir satisfait aux exigences biographiques du lecteur. J'ai évité de trop abstraites discussions esthétiques : je crois qu'on peut tout dire simplement, et dans une forme simple ; je crois aussi que dans les plus subtiles questions d'art il y a une lumière immanente qui les rend accessibles à tous ceux dont l'esprit est droit et la sensibilité ouverte à l'émotion. Mais j'espère qu'on comprendra très précisément, en lisant ce livre, pourquoi une statue de Rodin est différente de toute autre, et pourquoi il l'a ainsi faite. Rodin lui-même fut le premier à être lassé par certains éloges : une remarque juste sur ses méthodes lui faisait bien plus de plaisir. Comme tout homme de haute intelligence, il préférait être compris qu'être loué.

J'ai pensé combler une lacune et répondre à un désir en terminant ce volume par quelques réflexions sur les artistes que Rodin influença : on le traite couramment de « force de la nature », de « phénomène génial et isolé », on affecte de le considérer comme une sorte d'immense producteur inconscient. Voilà des hyperboles révoltantes. Rodin, volontaire, logicien, conscient, relié fortement aux Grecs et aux Gothiques, eut des théories très explicites, et plusieurs sculpteurs s'en inspirent, dont les admirateurs excessifs de Rodin ne parlent pas, afin de laisser le dieu isolé dans son nuage. J'en nommerai certains que Rodin aimait beau-

(1) *L'art de Rodin (Revue des Revues*, Paris, 15 juin 1898) et conférence du 31 juillet 1900.

coup et chez lesquels il a pris plaisir à suivre le développement de ses principes, car il avait horreur de passer pour un visionnaire, un phénomène, comme on l'a dit de lui par un zèle maladroit, s'estimant au contraire un véritable artiste classique dont l'exemple ne saurait nuire. J'ai cru aussi devoir terminer par un relevé des principaux ouvrages ou essais consacrés à Rodin, du moins en France, et une liste chronologique de ses statues, approximative bien entendu, car bien des fragments de cette œuvre énorme ont été détruits par Rodin lui-même, surtout à l'époque de ses débuts, avant 1877. Ce travail, je l'avais fait sous le contrôle de l'artiste, chez lui et selon ses conseils.

Je tiens à le redire. La France en guerre, après tant de chefs-d'œuvre détruits, tant de jeunes vies d'artistes fauchées, vient de faire en Rodin sa plus douloureuse perte ; ce deuil m'a enlevé en lui un ami aussi simplement et fidèlement affectueux qu'il était génial et illustre ; ma reconnaissance, mon admiration n'ont pas à compter ici cependant. Je propose au lecteur une étude, et non un panégyrique. J'essaie de mesurer l'homme qui a disparu et l'œuvre qui nous restera. Trop de gens, qui eussent été embarrassés de parler sculpture, ont trouvé en Rodin un thème à déclamations littéraires, pour que je veuille les imiter. Des renseignements précis sur l'homme et l'œuvre, des explications claires sur la technique et les idées de celui qu'on a appelé « le Michel-Ange français » m'ont paru plus utiles. Voyons Rodin tel qu'il fut, l'exposé des faits suffira à le faire révérer ; l'œuvre parlera plus haut que toute éloquence, et avec plus de droits.

# Auguste Rodin



Jeunesse et débuts de Rodin. — Ses premiers essais : son séjour chez Carrier-Belleuse. — Son séjour et ses travaux à Bruxelles. — L'*Age d'airain* au Salon de 1877 : l'incident à son sujet. — Le *Saint Jean-Baptiste* : commencements de la réputation de Rodin.

Auguste Rodin est né à Paris, dans le quartier du Val-de-Grâce, le 14 novembre 1840, d'une famille de modestes employés. L'enfant fréquenta d'abord une école de la rue Saint-Jacques, puis, à Beauvais, un pensionnat, auprès de son oncle ; à quatorze ans il revint à Paris, et entra à l'école de dessin de la rue de l'École-de-Médecine. Tout de suite commença pour lui une période de travail acharné.

En dehors des cours de cette petite école où le jeune Rodin apprenait, de huit heures à midi, les éléments du dessin, puis le modelage, ou copiait des dessins à la sanguine, des rondes-

bosses de composition Louis XVI, il allait deux
fois par semaine au cours que Barye professait
au Jardin des Plantes. « Barye, dit-il, ne nous
apprenait pas grand'chose ; il arrivait toujours
soucieux et fatigué, et nous disait toujours que
c'était bien. » Mais, en compagnie du fils de
Barye et de quelques autres jeunes gens, Rodin
s'était arrangé une sorte d'atelier dans une cave
du Muséum, se fabriquant des selles avec des
troncs d'arbres et essayant de sculpter déjà. Il
allait à six heures du matin dessiner les animaux,
puis il copiait les pièces d'anatomie du Muséum.
Trop pauvre pour acheter une anatomie de cheval,
il la copia pièce par pièce. Après le cours Barye
ou celui de la rue de l'École-de-Médecine, déjeu-
nant d'un morceau de pain avec du chocolat, il
courait au Louvre, et, le soir, de cinq à huit heures,
il allait dessiner et étudier aux Gobelins. Puis il
travailla chez un ornemaniste, car il fallait bien
vivre. De quatorze à dix-sept ans, Rodin mena
cette existence fiévreuse. « En ces trois années,
m'a-t-il souvent répété, j'ai compris ce qu'était
une académie, la synthèse de mon art, le rythme
des animaux. Je me souviens qu'un camarade
d'alors, disparu depuis (1), me fit saisir en deux

(1) Cet inconnu se nommait Constant Simon ; Rodin s'en
souvenait comme d'un homme remarquable.

heures le secret des plans d'une figure, selon un principe très juste et très simple, une observation des équilibres nécessaires du mouvement, que l'école n'enseigne pas. Cette leçon a influé sur toute ma vie. Quant à l'ornemaniste chez qui je gagnais un maigre salaire, j'ai longtemps déploré d'y être contraint, depuis j'y ai pensé avec amour, comprenant qu'il y a autant de sources de beauté dans l'ornement que dans la figure. »

Le travail chez l'ornemaniste permit à Rodin de gagner sa vie d'ouvrier d'art et d'étudiant acharné et silencieux ; il végéta ainsi jusqu'au moment où il atteignit sa vingt-quatrième année, sans cesser de faire de la sculpture malgré sa pauvreté et son labeur quotidien. A ce moment il se présenta à l'atelier de Carrier-Belleuse comme praticien et élève. Carrier-Belleuse était alors dans tout l'éclat de sa réputation de statuaire élégant, dont les réelles qualités d'improvisation s'affadissaient dans le souci de plaire. Rodin resta six ans chez Carrier-Belleuse ; il y travailla sans y trouver grand enseignement. Mais il méditait et s'instruisait seul. C'est de sa vingt-quatrième année que date cette tête connue sous le nom de l'*Homme au nez cassé* qui est un morceau de maître, très inspiré des antiques, et annonce déjà tout son avenir. Ce plâtre, que le

jeune homme envoya au Salon de 1864, fut refusé.
Entre temps Rodin essayait de se faire admettre
aux concours de l'École des Beaux-Arts : il fut
refusé à trois reprises. Cela le dégoûta de la
carrière habituelle, où son défaut de toute
ressource l'engageait à entrer. Ses idées, son
caractère indépendant, ses pressentiments et
son amour d'un art personnel lui montrèrent
qu'il n'arriverait à rien et n'aurait jamais la
discipline académique nécessaire pour réussir.
Il profita d'une occasion ; Carrier-Belleuse avait
une commande à Bruxelles et ne tenait pas à
l'exécuter. Rodin obtint de son patron, qui
l'estimait, d'en être chargé en son nom, et, après
six ans de séjour à l'atelier du sculpteur en
vogue, il s'en alla à Bruxelles, où Rude déjà avait
longuement séjourné. Il devait y rester jusqu'en
1877, travaillant avec le statuaire belge Van
Rasbourg au fronton de la Bourse où l'on retrouve
encore sa griffe, ainsi qu'à des cariatides d'une
maison du boulevard Anspach et à diverses
œuvres.

Cet exil de l'artiste à Bruxelles, nous savons
qu'il n'en a gardé que de cordiaux souvenirs ;
mais il fut trop sobre de renseignements sur lui-
même pour que nous puissions analyser avec
certitude cette vie d'un homme tenace, concen-

tré, que les rêves, l'étude acharnée, les anxiétés de la vie pauvre, l'orgueil solitaire, occupaient sans désir d'être connu. « J'ai beaucoup travaillé là », disait-il, pour tout résumer. Il est certain que Rodin était, dès cette époque, en possession de cette formidable volonté qui l'a fait réussir, et aussi de cette obstination dédaigneuse qui préfère l'insuccès et l'obscurité à toute transigeance.

Il parlait peu ou point du drame qui s'élaborait en lui à cette époque, ni de la façon dont il affina et cultiva ses sensations, ni des leçons de peinture qu'il prit chez Lecoq de Boisbaudran en compagnie d'Alphonse Legros, devenu son intime ami : il faut pourtant noter cette influence de Lecoq de Boisbaudran. Elle est tout à l'honneur de ce maître éducateur, qui a formé tant d'éminents artistes modernes. Le séjour de sept années à Bruxelles permit à Rodin de vivre, modestement mais décemment, dans un milieu calme, de réfléchir, de s'organiser intellectuellement, et ce fut une sorte de retraite spirituelle qui lui fit du bien, outre qu'il y gagna une étude approfondie des Primitifs flamands et des Gothiques qui devaient tant l'impressionner. Toutefois, aucune biographie ne saurait faire comprendre comment, par exemple, le cerveau d'un enfant plébéien et pauvre a pu, au milieu de la gêne et du travail manuel incessant, devenir le cerveau vaste et profond d'un penseur familier avec la synthèse de l'art : ce sont là les secrets de la personnalité.

Rodin devait sortir brusquement de l'obscurité à trente-sept ans, c'est-à-dire à une époque où beaucoup se croient irrémissiblement sacrifiés, et où il avait déjà beaucoup produit et beaucoup souffert, car on peut dire que toute son œuvre de 1855 à 1875 est inconnue et perdue, et pourtant que de travail ! Sauf l'*Homme au nez cassé*, on n'en parle plus : le fronton de la Bourse de Bruxelles s'effrite, le temps y use les travaux de Rodin aussi bien que ceux de Van Rasbourg ; il ne parlait jamais des nombreuses figures que Carrier-Belleuse lui fit faire et qu'il interpréta selon sa libre inspiration, et parfois seulement il fit allusion à une grande figure qui fut brisée dans un déménagement, et qui fut, à son avis, une des meilleures de sa vie. En 1876, l'*Homme au nez cassé*, en marbre, fut admis au Salon. Cela décida Rodin à envoyer en 1877 sa statue, l'*Age d'airain*, et ce fut l'occasion d'un incident dont l'injustice même allait le mettre en lumière.

Le jury, étonné de cette œuvre, l'admit, mais accusa l'artiste d'avoir fait un moulage sur nature, tant était grande la perfection du modelé. L'usage de mouler sur nature est malheureusement fréquent, et nous savons des académiciens vantés qui usent sans scrupule de cette supercherie artistique. Rodin protesta. Il avait eu pour modèle à Bruxelles un soldat belge : il en fit faire des photographies et les envoya au jury, qui n'ouvrit même pas le paquet et maintint ses dires (1). Mais trois sculpteurs, Desbois, Fagel et Lefèvre, devenus dès lors les amis de Rodin, protestèrent en sa faveur, quelques critiques parlèrent de l'incident, et l'œuvre de Rodin s'imposa, au point que le secrétaire des Beaux-Arts, Turquet, acheta l'*Age d'airain* (qui a figuré longtemps dans le jardin du Luxembourg et est maintenant au musée).

Rodin attendit jusqu'en 1880 pour exposer le *Saint Jean-Baptiste*. Entre temps, Turquet l'avait pris en amitié, et désirait effacer l'inique accusation portée à propos de l'*Age d'airain*. Les inspecteurs des Beaux-Arts désavouaient l'achat de cette œuvre et concluaient à son moulage sur nature. Rodin, découragé, se taisait : une circonstance le sauva. Comme il continuait

(1) En même temps Rodin prouvait qu'il n'avait rien moulé, car son modèle était un peu plus grand que sa statue et il le faisait attester.

à chercher du travail pour nourrir sa jeune femme et lui-même, et pouvoir subvenir aux frais de son art, il se trouva exécuter pour le sculpteur Boucher un groupe d'enfants dans une composition. Sa facilité était prodigieuse : Boucher le vit improviser ce groupe en quelques heures et, stupéfait, alla le dire à des amis. Il eut l'honnêteté de témoigner qu'un tel homme, ayant fait cela sous ses yeux, était capable de faire l'*Age d'airain* : Chapu, Thomas, Falguière, Delaplanche, Chaplin, Carrier-Belleuse et Paul Dubois insistèrent loyalement, et la cause de Rodin fut gagnée. Turquet, ravi, libre d'agir, acheta le *Saint Jean-Baptiste* et fit à Rodin une commande. Alors l'artiste répondit : « J'y suis prêt. Mais, pour bien prouver que je ne moule pas sur nature, je ferai de petits bas-reliefs, une œuvre vaste avec des personnages petits, et je pense en emprunter le thème à Dante. »

Ce fut l'origine de cette célèbre *Porte de l'Enfer* qui ne fut jamais achevée, et qui, remaniée sans cesse, a fini par devenir pour Rodin le motif central de tous ses songes, le répertoire de ses idées et de ses recherches.

Dès ce moment (1880) Rodin sortait définitivement de l'obscurité, et allait révéler sans interruption, sans hésitation, la série des œuvres qui l'ont rendu célèbre. Il savait sa voie, sa technique, son champ de réflexions. De l'âge de seize ans à celui de quarante, par un labeur ignoré et obstiné, il avait mûri sa personnalité. Et son œuvre, de l'*Age d'airain* au *Balzac*, n'est que le développement visible de cette période secrète. La période du *Balzac* à nos jours témoigne d'une nouvelle hypothèse qu'il a faite. Mais on peut dire que le Rodin de 1877 à 1897 était tout entier contenu dans l'inconnu de la période antérieure. C'est même cette lente préparation qui a donné à la révélation de l'œuvre cette apparence de certitude, de maîtrise subite, qui a tant frappé les esprits. On a coutume de voir les artistes obtenir des succès de jeunesse avec des œuvres qui sont de brillantes promesses, puis on les suit, on les voit grandir. Rodin est apparu du jour au lendemain. On le croyait jeune et débutant, et on ignorait sa lutte passée : on ne l'a connu qu'alors qu'il avait terminé avec les scrupules et, comme il l'a dit, « fait la paix avec lui-même ». De là son prestige. De là aussi la netteté de son attitude en face de l'art académique.

Il faut se rappeler la statuaire gracieuse, molle et conventionnelle de la génération 1865-1875 pour comprendre tout ce que l'*Age d'airain* et le *Saint Jean-Baptiste*, survenant aux Salons, y apportaient. Vérité rude, sens du mouvement, réalisme intense, dédain absolu de plaire, style hautain, sentiment profond de la vie organique, puissance due à l'amour ardent des formes, des musculatures, de l'activité physiologique, tout cela devait choquer les statuaires aimables, épris du style d'école et de la mythologie. De plus, Rodin était inconnu : il n'avait aucun titre, ne connaissait personne, n'avait rien sollicité, sortait du peuple, et l'ancien ouvrier de Carrier-Belleuse, se mêlant de faire tout seul des statues, inspirait le dédain. Sa technique était si forte qu'on ne pouvait songer à la nier. C'est pour cela que, par dépit, on inventa l'accusation de moulage sur nature. Mais on ne songea pas que c'était rendre à l'artiste le plus bel hommage, s'il arrivait à prouver que sa science seule était cause de cette perfection. Le plus piquant, c'est que les mêmes gens qui déclaraient cette technique trop forte pour n'être pas un moulage accusèrent Rodin, vingt ans plus tard, à propos du *Balzac*, d'ignorer son métier ! Outre cette question matérielle et ces jalousies de carrière, le style de ces deux œuvres ne pouvait que déplaire. Il y a déjà en elles une sorte de beauté symbolique et farouche qui est devenue une caractéristique de l'art de Rodin. Le geste d'éveil douloureux de l'homme à l'âge d'airain, le geste du *Saint Jean-Baptiste*, et surtout sa face sauvage, à la bouche ouverte, étaient trop exempts des conventions pour qu'on ne sentît pas là un artiste résolu à ne tenir aucun compte de l'École et de ses principes. Ces deux superbes morceaux de nu contiennent déjà une pensée très spéciale. On commença donc par détester en Rodin un homme qui serait un révolutionnaire. On le détesta parce qu'il était puissant, qu'il sortait soudainement de l'obscurité, et qu'on sentait en lui une personnalité obstinée. Et ce fut précisément pour ces raisons que Rodin trouva d'ardentes sympathies parmi les artistes opposés à l'esprit d'École, et les écrivains indépendants qui devinèrent en lui un homme capable d'exprimer dans son art des pensées et des émotions qu'on n'y découvait plus.

## II

Les ateliers de Rodin. — Ses travaux de 1880 à 1889.
— L'*Eve*, certains bustes ; le monument Victor
Hugo. — La *Porte de l'Enfer*. — La *Danaïde*, la
*Pensée*. — L'Exposition Claude Monet-Rodin en
1889. — Le monument Claude Lorrain à Nancy
(1892). — Les *Bourgeois de Calais* (1888-1895).


Les œuvres précédentes de Rodin avaient été
exécutées de 1881 à 1889 dans de modestes
locaux de la rue des Fourneaux et du boulevard
de Vaugirard, puis en un petit atelier concédé par
l'État au Dépôt des Marbres, rue de l'Université, où un certain nombre d'ateliers sont donnés
aux statuaires. A partir de 1889 l'État y céda à
Rodin deux ateliers plus grands. Il eut plus tard
en outre, à ses frais, boulevard d'Italie, un atelier
en un coin perdu appelé le *Clos Payen*, puis un
domicile à Sèvres, et enfin une villa à Meudon
Val-Fleuri, chemin des Brillants. Là se répar-

tirent ses études et ses œuvres : la *Porte de l'Enfer* a été esquissée rue de l'Université.

Dès 1879 Rodin, présenté par Carrier-Belleuse, travailla à Sèvres (un vase décoré par lui s'y trouve). En 1880 il fit un beau projet de concours pour le *Monument de la Défense nationale,* qu'on n'accepta pas. En 1881, il fit une figure d'*Adam,* qu'il détruisit, et une *Eve* qui compte parmi ses plus nobles créations, une *Eve* honteuse de la faute, courbée sous la terreur, obscurément angoissée moins par le remords du péché que par l'idée d'avoir créé des êtres pour la douleur future. Cette *Eve* est un bronze d'aspect formidable, et Rodin y est tout entier.

Comme dans le *Saint Jean-Baptiste,* mais avec une préoccupation plus spiritualiste, un modelé plus simple, moins minutieux, on sent l'effet d'une conception définitive de la sculpture. Désormais l'artiste produira régulièrement, dans l'exercice d'une force paisible, avec une complète possession de lui-même, travaillant et n'étant certes pas exempt de doutes et de recherches, mais n'en laissant rien voir. Le travail de Rodin est très particulier : il n'entreprend pas une œuvre pour la conduire à sa fin et se donner ensuite à une autre. Il a eu, dès le début, un certain nombre de pensées correspondant à des formes, et s'il n'a montré que successivement ses œuvres, il ne les a pas moins élaborées parallèlement, travaillant à toutes simultanément et les modifiant les unes par les autres. C'est ainsi que la *Porte de l'Enfer* s'est faite et défaite durant plus de vingt années, que le monument de Hugo, resté inachevé, remonte à 1886 par les esquisses, que les études pour les *Bourgeois de Calais* remontent à 1888, alors que le monument n'a été livré qu'en 1895, et que, parmi les petits groupes, beaucoup sont nés d'ébauches vieilles de quinze ans. Rodin a vécu d'un contingent d'idées et d'émotions qu'il a patiemment méditées, qu'il s'est promis d'exécuter, et qu'il a mûries en silence, restant durant des années sans paraître s'en occuper. Force et patience, telle pourrait être sa caractéristique devise. Comme tous les grands artistes, il a pensé tout de suite les lignes essentielles de son œuvre, lignes que je définirai à la fin de ce livre. C'est l'exemple d'un esprit synthétique et généralisateur qui ne peut se mettre en marche qu'après une méditation lente, et ne conçoit rien d'isolé, à la fois spontané et prudent. Cette méditation, il l'eut à Bruxelles, sans se hâter de produire, ne se permettant d'exprimer une idée qu'après en avoir minutieusement préparé l'expression technique, les nécessités de l'ouvrier.

L'*Ugolin*, plâtre dont Rodin exposa le premier projet en 1882, est la première trace de ses préoccupations du Dante, qu'on devait retrouver dans toute son œuvre ultérieure. Lisant relativement peu de choses, à dessein, il s'attachait fortement à quelques grandes œuvres profondes, et les méditait sans se lasser. Dante a nourri toute son imagination symbolique, et Baudelaire toute son imagination sensuelle. Ces deux sombres poètes l'ont impressionné, et l'on peut dire qu'il les a assimilés. Presque toutes les grandes figures symboliques de Rodin ont trait à l'*Enfer*, et presque tous ses petits groupes amoureux ont la nervosité subtile, la mélancolie raffinée et nostalgique des *Fleurs du Mal*. Il a besoin d'évoluer constamment du réalisme aux idées générales, de la pensée à la volupté ou à la douleur, et l'idéal dantesque et baudelairien s'est mêlé singulièrement en lui à l'amour des antiques, au culte de la mythologie. C'est même cette fusion toute spéciale qui fait le fond de sa personnalité. L'*Ugolin*, d'abord seul, puis exposé avec ses enfants mourants sur lesquels il s'accroupit, hagard et déjà presque semblable à un fauve, est un morceau tragique et puissant. La même année Rodin fit le buste d'Alphonse Legros, qui occupa en Angleterre une place si considérable dans l'estime de l'élite, et celui du regretté W.-E. Henley, dont la pénétrante critique a rendu tout de suite hommage à l'art de notre sculpteur.

Le *Génie de la Guerre*, le *Monument du général Lynch*, la *Bellone* si curieuse, datent de 1883 ; de 1884, le *Président Vicunha* (1), un *Buste de Jeune femme*. Période de recherches plutôt que de production visible, où Rodin continua ses études et s'affermit encore dans ses méthodes techniques. Il faut en arriver à l'année 1885 pour trouver la révélation de trois de ses plus belles œuvres statuaires, les trois bustes de *Dalou*, de *Victor Hugo* et d'*Antonin Proust*, qui affirment avec puissance sa personnalité. Ce sont de ces œuvres qui échappent à la discussion, dont on ne peut accuser l'intention « littéraire », ou la conception, de simples morceaux de sculpture qui prouvent la maîtrise, avec des reliefs, des plans, des lumières dignes des plus beaux bustes de l'École française. On pourra contester les idées, la philosophie, le symbolisme, la *dramaturgie* des com-

---

(1) Il est curieux de rappeler que la très belle statue équestre du général Lynch, et le monument du président Vicunha, livrés par Rodin en Amérique, ne lui furent jamais payés, et même, à cause des révolutions, disparurent, en sorte qu'on peut considérer ces œuvres comme perdues. Il n'en reste que des ébauches abîmées et des photographies.

positions de Rodin, ou en perdre la compréhension exacte, avec le recul du temps, mais de telles œuvres, par leur valeur uniquement professionnelle, témoigneront toujours pour lui. La vie, la pensée, la force, le caractère sont poussés là aussi loin que possible. Le buste de Hugo était le résultat des rares travaux que l'artiste avait pu faire d'après nature. Hugo disait avoir été si bien sculpté par David d'Angers qu'il trouvait inutile de poser désormais : Rodin souhaita vainement obtenir des séances, le poète l'admit à sa table et lui dit seulement : « Venez quand il vous plaît, observez-moi... et arrangez-vous. » Rodin prenait à table des croquis d'après Hugo sur des cahiers de papier à cigarettes, il avait dans l'antichambre une selle et de la glaise, et il courait noter, de temps à autre, ce qui venait de le frapper. Ainsi s'acheva ce buste admirable, seul document (avec deux eaux-fortes), dont Rodin put se servir pour le Hugo à la tête penchée de son futur monument, que l'État lui commanda après la mort du poète national en 1883, et dont le morceau central seulement orne le jardin du Palais-Royal.

L'année suivante (1886), Rodin exposa le projet du monument lui-même, qui a reçu depuis plusieurs variantes, mais dont le thème central est toujours celui-ci : Hugo, nu et demi-drapé comme un dieu, est assis au bord de la mer, sur un rocher. Il fait un geste de silence vers la mer et les Néréides, de son bras gauche étendu, et leur demande ainsi de le laisser écouter la Muse des Voix intérieures, qui se dresse pensive derrière lui, et la Muse de la Colère qui, au-dessus de sa tête, accroupie sur un rocher, semble prête à s'envoler en plein ciel. Cette Muse peut aussi être interprétée comme une Iris, messagère de la voix des éléments, et la Muse des Voix intérieures est aussi appelée la Méditation. Elle est de la plus grande beauté ; c'est une des figures où Rodin a, avant le *Balzac*, indiqué sa nouvelle façon d'amplifier les modelés et d'altérer systématiquement les proportions en vue d'un effet décoratif, selon une idée que j'analyserai en détail au chapitre suivant. Rien de plus expressif et de plus surnaturel que la tristesse harmonieuse de cette grande forme défaillante : c'est vraiment une âme incarnée dans un mouvement de pudeur et de secrète contemplation qui trouble et qui émeut. Le Hugo lui-même est vraiment olympien par la majesté de son geste, l'ampleur de sa nudité de héros, la magie de l'ombre qui baigne sa face penchée à demi sur sa poitrine; et tout l'ensemble du monument est d'une magnifique entente décorative. Il devait y avoir deux monuments de Victor Hugo, l'un pour le Panthéon, l'autre pour le jardin du Luxembourg, et avec des variantes légères, relatives non à l'attitude de Hugo lui-même, mais à la signification et au style des figures adjacentes. Au reste, l'acceptation de ces deux monuments n'a pas été sans de grandes difficultés causées par la conception même de Rodin ; et elle n'a pas empêché qu'on enlaidisse la place Victor-Hugo, à Paris, par un affreux et gigantesque monument dû à Barrias, en attendant ceux que Rodin ne donnait pas. La lenteur de Rodin, due à la circonspection scrupuleuse de son esprit jamais content de lui-même, et à sa façon de travailler simultanément à plusieurs œuvres, a toujours contribué à lui aliéner les commissions officielles : la jalousie des confrères, le caractère d'exception de ses œuvres, ont achevé de placer vis-à-vis de ce monde dans une situation assez difficile un homme si insoucieux de plaire, d'être compris de tous, et d'accorder les concessions. Aussi presque toutes ses œuvres importantes ont-elles suscité des incidents propres à troubler son repos et à entraver son œuvre.

En même temps que l'esquisse du monument de Hugo, avec un buste de Henry Becque et une curieuse eau-forte d'après celui-ci, Rodin montra en 1886 les premiers dessins relatifs à « la Porte de l'Enfer » ou du moins à ce qu'on est convenu d'appeler de ce titre. J'ai dit l'origine de cette commande de l'État : en principe, on avait prié Rodin de faire une porte avec hauts-reliefs, destinée au Musée des Arts décoratifs. Mais la fantaisie du sculpteur, obsédée par la préoccupation de Dante, ne tarda pas à dévier de ce projet primitif. En réalité, la porte existe, à l'atelier de la rue de l'Université, sous l'espèce d'une vaste maquette de plâtre et de charpentes affectant la forme très simple d'une porte à deux vantaux, haute de six mètres, avec une frise, un tympan et deux chapiteaux latéraux. Elle devait d'abord être surmontée des deux figures d'Adam et Ève, et Rodin y a renoncé. Il a paru ensuite décidé à placer au sommet les *Ombres* (1). Sur la travée supérieure devait être assis le *Penseur*. Dans les panneaux de la porte et au long des larges montants s'enchâssent des figures, — plus de cent, — détachées en ronde-bosse, tout à fait comme dans la porte du Baptistère de Florence,

---

(1) Ces *Ombres* sont la représentation symbolique d'hommes qui viennent de mourir et qui, les mains unies, se penchent avec accablement et terreur pour contempler sous eux l'infernale foule où ils vont tomber.

dont Rodin a pris tout simplement modèle. Ces figures ont d'abord été des interprétations directes du Dante, notamment Paolo et Francesca de Rimini et divers damnés. Puis Rodin y a mêlé des figures uniquement dues à son inspiration baudelairienne, à son sens aigu de la perversité tragique : il a élargi la conception dantesque en la modernisant, et il a fini par faire de cette porte ce qu'il appelait en souriant « mon arche de Noé ». C'est-à-dire qu'il y a inséré continuellement de petites figures qui en remplaçaient d'autres : il mettait là, raccordées avec du plâtre dans les niches laissées par les figures vacantes, toutes ses improvisations, tout ce qui lui semblait répondre, par le caractère et le sujet, à cette vaste confusion des passions humaines. Les dimensions de ces figures sont très restreintes, les plus grandes ne dépassent pas un mètre de hauteur. Cependant les dimensions d'exécution définitive ne furent jamais fixées. La figure splendide qu'on appelle le *Penseur* est exécutée en bronze, plus grande que nature, et j'ai connu à Rodin l'intention d'amener toutes les autres figures à cette dimension, ce qui eût représenté une dépense inouïe et une porte d'au moins 30 mètres de haut, un véritable ouvrage de Cyclope.

Le *Penseur*, qu'on a ainsi appelé à cause de son

analogie d'attitude avec le *Pensieroso* de Michel-Ange, est bien plutôt, avec son corps fruste et son masque d'homme primitif, l'image de l'homme des cavernes, du prognathe regardant se dérouler au-dessous de lui les crimes et les passions de sa descendance. Immédiatement au-dessous de lui se voient les personnages les plus célèbres du cycle dantesque, notamment les amants de Rimini enlacés et tombant dans l'enfer (1) ; puis, à mesure qu'on descend vers le sol, les figures deviennent plus indépendantes du sujet, plus personnelles à l'invention de l'artiste, et au bas se voient les « femmes damnées » telles que Baudelaire les a conçues, parmi des figures de la mythologie païenne.

On peut donc dire que la célèbre porte fut un répertoire des créations de Rodin, restée près de lui comme un thème d'inspiration, et il y résumait toute une catégorie de pensées et de travaux, sans se préoccuper de l'architecture et du projet en lui-même. Il improvisait à chaque instant une petite figure, exprimant la notation rapide d'une sensation, d'une idée ou d'une forme, et l'insérait dans la porte auprès des

---

(1) La version définitive de ce groupe a été isolée par Rodin, elle est connue sous le nom du *Baiser*. Le marbre est au musée du Luxembourg.

autres figures, puis la déplaçait et au besoin la brisait pour en utiliser les fragments à d'autres recherches. Beaucoup de ces figurines sont devenues des groupes plus importants et distincts. Rodin a cédé avant tout au besoin de créer, et de contenter une irrésistible vocation, restant assez indifférent à la transformation ultérieure de ses trouvailles, et sa sculpture est d'ailleurs conçue de façon à être exécutée en grand ou en petit, au point qu'il est souvent impossible, devant une photographie, d'en supposer la dimension. La porte de l'Enfer mériterait donc bien plus d'être appelée « le Pandemonium » ou de toute autre façon. Si elle devait être réalisée, elle ne pourrait comporter toutes les figures que l'artiste lui destina. Elles sont là, innombrables, alignées sur des planches, auprès de la maquette de la porte, et elles représentent toute l'évolution de l'inspiration de Rodin, ce que j'appelais « le journal de sa vie sculptée » avec son assentiment. Il serait trop long de dénombrer ces figures et ces groupes : qu'il suffise de dire que la plus grande partie des petits marbres et bronzes de Rodin ne sont que des achèvements de ces esquisses et qu'on pourrait les concevoir soit comme des bibelots, soit comme des œuvres de grandeur humaine, à cause du caractère essentiellement décoratif des silhouettes et de l'intense originalité des rapports proportionnels èt des équilibres entre les figures. Telle qu'elle est, la porte de l'Enfer est le projet d'une œuvre unique dans la sculpture des temps modernes, projet longuement élaboré et dont tous les détails sont prévus et analysés depuis des années. Personne n'a osé entreprendre une si audacieuse réunion de figures sur un tel plan, et ce plan, Rodin l'a possédé entier. Il n'oubliait aucunement l'effet décoratif et les aspects harmonieux, les concordances que la porte devrait avoir. L'ouvrage inspiré par Dante a pris une signification plus générale ; haut-relief, bas-relief, ronde-bosse, groupes, figures isolées, tous les genres sculpturaux s'associent en une symphonie de foule perdue dans les tourbillons de vapeur de l'Enfer, pour converger vers la figure du Penseur. La conception embrasse les siècles. On trouve là Ugolin, et aussi bien des centaures, des faunesses, des satyres, des créatures rêvées par Baudelaire, des personnifications abstraites des vices, notamment l'extraordinaire groupe de l'avare mourant de faim sur son trésor auprès d'une prostituée (*l'Avarice et la Luxure*). Le Penseur, c'est, dans son austère nudité, dans sa force pensive, à la fois l'Adam effaré, le Dante implacable et le Virgile miséricordieux de cet effroyable déchaînement humain, mais c'est surtout l'Aïeul, le premier homme naïf et inconscient, penché sur ce qu'il engendra. Le symbolisme et la philosophie de l'artiste sont indépendants de toute doctrine religieuse, son spiritualisme ardent excelle à dégager les symboles des divers cultes, et il est soutenu avant tout par une profonde et incessante consultation de la nature, un sens exceptionnel de l'expression par le mouvement. Il a obtenu l'harmonie décorative de son œuvre non pas par des adjonctions, mais par des suppressions systématiques, ce que faisaient les Gothiques et les Renaissants.

La *Porte de l'Enfer* est le résultat des études faites par Rodin d'après les Gothiques pendant son séjour à Bruxelles. C'est là que se résume la profonde influence qu'il en ressentit — là, et dans les *Bourgeois de Calais*.

Quant à l'influence que les Antiques eurent sur lui, elle ne s'est manifestée que plus tard, dans les petits marbres et surtout dans le *Balzac* et les œuvres récentes. La *Porte* correspond à la période où Rodin était avant tout préoccupé de créer, par l'intensité du mouvement et l'originalité des attitudes et des silhouettes, *un dramatique nouveau* dans son art, que le goût de l'époque figeait dans une fausse « noblesse néo-grecque » obtenue par l'immobilité, l'inertie des silhouettes, la crainte de voir le mouvement trop vivant briser l'harmonie générale. Chercher une harmonie nouvelle précisément dans l'étude du mouvement, créer, auprès de l'art *statique*, un art *dynamique*, voilà en une formule rapide l'idée de Rodin.

Il allait bientôt montrer une œuvre plus significative encore de ses préoccupations. Car, si j'ai parlé tout de suite de cette fameuse *Porte*, qui est le leitmotiv de l'art de Rodin, il ne faut pas oublier qu'en 1886 on n'en connaissait encore que des dessins. C'est peu à peu qu'on a vu des groupes, des fragments, et l'œuvre n'a pas quitté l'atelier de la rue de l'Université. Ce sont donc les *Bourgeois de Calais* qui ont le mieux fait savoir au public ce dont Rodin était capable comme style et comme composition d'ensemble, et j'en parlerai dès ce chapitre, bien que les *Bourgeois* n'aient été achevés qu'en 1892, et inaugurés à Calais qu'en 1895.

En 1887, on peut citer *Persée et la Gorgone* et une *Tête de saint Jean décapité*, marbre qui appartint à la marquise de Carcano. En 1888, fut exposée l'exquise *Danaïde*, un des marbres féminins les plus suaves qu'ait amoureusement modelés ce sculpteur de l'énergie, dont l'âme a des

délicatesses subtilement étranges entre deux
œuvres de puissance. En même temps d'ailleurs
on vit à une exposition des Beaux-Arts de
Bruxelles un personnage nu, l'*Homme qui marche*,
qui n'était autre qu'un des *Bourgeois*, et dont la
robuste exécution impressionna. L'année 1889
marqua un redoublement d'activité chez l'artiste.
Il s'y occupa en effet de recherches pour le monument de Claude Lorrain, qu'on l'avait chargé
d'exécuter pour Nancy. Il continua la *Porte de
l'Enfer*. Il signa une statue de Bastien-Lepage
pour le cimetière de Damvillers. Il ébaucha les
bustes des critiques d'art Octave Mirbeau et
Roger Marx, termina un admirable petit marbre,
le *Groupe du Songe*, où un jeune homme renversé
essaie de retenir une femme-sphynge qui fuit,
hagarde et fatidique. Enfin, une impressionnante
esquisse d'*Hécube* accroupie et hurlante et la
*Pensée*, marbre, terminèrent cette année si bien
remplie. La *Pensée*, tête hautaine et douce sur-
gissant d'un bloc, est une des œuvres les plus
connues de Rodin, et le symbole même de son
art. Elle figure au musée du Luxembourg où
elle a rejoint la *Danaïde*, le *Saint Jean*, le *Baiser*,
un buste magistral de femme, et une statuette
de bronze, la *Belle qui fut heaumière*, d'après le
poème de Villon, œuvre minuscule où s'enclôt

une grande force tragique, tout le drame de la ruine du corps humain.

En 1889, Rodin fit à la galerie Georges Petit une exposition avec Claude Monet, qui est restée célèbre. Rodin y envoya les *Femmes damnées*, le *Saint Jean décapité*, des *Faunes et Bacchantes*, *Bastien-Lepage*, une trentaine d'œuvres, dont les *Bourgeois de Calais*, montrés pour la première fois dans leur ensemble. La sensation fut immense et Rodin connut alors la gloire définitive, et sa réputation s'étendit dans le monde entier. Toutefois, cette gloire ne désarma pas le monde officiel contre le grand sculpteur français, dont chaque œuvre importante a été l'occasion d'un combat, parce que sa beauté naît de principes contraires à toute la doctrine professée dans les académies.

Les cinq années qui suivirent furent marquées par diverses œuvres, sans préjudice de la triple continuation parallèle du *Victor Hugo*, des *Bourgeois de Calais* et de la *Porte de l'Enfer*, dont divers états furent montrés aux Salons ; Rodin trouvait en effet de son devoir de soumettre au public les phases de ses œuvres, ébauches, plâtres, marbres, bronzes, avant l'achèvement définitif, et, comprenant très bien que son style spécial étonnât ou semblât difficile, il s'expliquait ainsi avec le public, dans les Salons, en permettant de suivre les stades par lesquels avait passé sa pensée. En dehors de ces travaux, on relève pour l'année 1890 un buste de jeune femme, en argent, *le Frère et la Sœur*, bronze, le *Torse* de saint Jean-Baptiste. En 1891, la *Cariatide*, marbre de jeune femme portant une pierre sur son épaule, le groupe de la *Jeune mère* (bronze, puis marbre), une *Nymphe*. En 1892, les bustes de *Rochefort* et de *Puvis de Chavannes*, qui, avec ceux de Dalou, Jean-Paul Laurens, Hugo et Falguière, constituent dans l'œuvre de Rodin et au-dessus de toute la statuaire française moderne une série incomparable d'effigies, aussi admirables par la technique que par l'expression. Le *Puvis de Chavannes* est peut-être le plus beau; c'est une œuvre qui ne pâlit pas auprès de Donatello lui-même. En 1892, furent achevés les *Bourgeois* et le *Monument à Claude Lorrain*. Les *Bourgeois* attendirent trois ans leur installation, mais le monument de Lorrain fut inauguré aussitôt, grâce à l'initiative dévouée du grand verrier d'art Émile Gallé et de Roger Marx, qui a exercé sur l'art français moderne, par ses écrits et son incessante activité, la plus noble action. Nancéens tous deux, ces deux hommes éminents imposèrent l'œuvre. Le monument se compose d'une statue de Lorrain debout, la palette aux mains, la tête vivement levée vers l'Orient, et d'un piédestal d'où se détachent en un superbe haut-relief Apollon et ses chevaux cabrés. Ainsi Rodin a voulu rendre hommage au maître-peintre qui adora le mouvement dans la lumière en les exaltant à son tour. On critiqua l'importance du piédestal vis-à-vis de la statue, sans comprendre que cette allégorie d'Apollon était l'incarnation même de l'âme du grand artiste dont l'image dominait l'ensemble, et que l'ensemble ne pouvait être dissocié. La pensée animant cette composition soulevait des critiques administratives. Là encore Rodin, avec sa vision symbolique, sa tendance aux simplifications hardies de l'idée générale et synthétique, déconcertait. On lui demandait le *portrait sculpté* d'un homme, il préférait accorder l'importance à un symbole exprimant le rêve et le génie propre de cet homme, peintre du soleil ; idée logique, mais qui va à l'encontre du préjugé sur les statues-portraits. Cependant l'insistance prédicatrice de Gallé et de Roger Marx convainquit les Nancéens, qui sont maintenant très fiers de leur monument. Les chevaux et l'Apollon sont parmi ce que Rodin a sculpté de plus vivant, de plus frémissant et de plus lyrique.

En 1893, Rodin fit le buste de *M*^me *Séverine*, le médaillon de *César Franck*, et divers marbres : *Galatée*, la *Mort d'Adonis*, l'*Education d'Achille*, la *Vague*.

De 1894 date l'*Eternel Printemps*, un de ses marbres les plus tendres et les plus purs, ainsi qu'un *Orphée et Eurydice*, un *Adonis et Vénus*, et enfin le *Christ et la Madeleine*. Car il revenait par degrés à des sujets de religion et de mythologie, après n'avoir exprimé que des symboles généraux ou des morceaux de pur réalisme, et j'aurai à faire remarquer plus loin de quelle façon originale Rodin n'a pas craint d'interpréter ces sujets que l'académisme classique semblait avoir usés et affadis pour toujours.

L'année 1895 vit enfin l'inauguration des *Bourgeois de Calais*, le 3 juin, à Calais. De cette même année date encore un autre beau marbre, l'*Illusion fille d'Icare*, ainsi qu'un nerveux bronze, l'*Homme accroupi*, un médaillon d'*Octave Mirbeau*, — et déjà des études de nu pour le *Balzac*, car le *Balzac* a été étudié minutieusement dans le nu, ce que bien des gens ignorent, avant d'apparaître drapé de la fameuse robe de chambre qui devait, en 1898, soulever tant de clameurs.

Les *Bourgeois* furent élevés sur une place de

Calais par souscription (1). C'est un monument où Rodin s'est éloigné résolument de toutes les règles de l'art officiel. Elles enjoignent de chercher avant tout l'effet par un groupement compact dans une même pensée traduite par un même geste de tous les personnages. Rodin a au contraire voulu laisser toute leur personnalité aux six bourgeois allant se rendre à discrétion, en chemise et la corde au cou, au roi Édouard, et il les a isolés sur un même socle.

Ces six hommes sont en marche, l'un auprès de l'autre, deux par deux, demi-nus et misérables, avec leurs faces émaciées d'assiégés sacrifiés. Un dévouement les unit au nom du salut de la ville, mais leurs caractères, leurs pensées, restent distincts, et en chacun d'eux on lit un drame de conscience différent. Ils n'ont pas l'enthousiasme factice et les gestes déclamatoires qu'un statuaire habituel eût trouvé avantageux de leur prêter. Ce sont simplement des citoyens qui se sont résolus à un devoir fatal et vont l'accomplir sans lâcheté, mais n'en étaient pas moins la veille des commerçants, des pères de famille sans prétention à l'héroïsme : ils empor-

(1) On avait demandé la statue d'Eustache de Saint-Pierre : Rodin envoya les six effigies des Bourgeois, ce qui donna lieu à de nouvelles difficultés administratives.

tent leurs regrets, leurs déchirements intimes, et ne songent pas à poser devant l'histoire. Ils sont les héros inconnus, obscurs, d'une fatalité fréquente en la rude époque où ils vivent ; et que de morts, dévoués comme eux, dont l'histoire a oublié les actes et les noms ! Il y a là Eustache de Saint-Pierre, au visage rasé de magistrat, roide et contenu, tenant la clef de la ville ; derrière lui Andrieux d'Andres, les mains crispées sur la face sanglotante, se retourne vers la cité une fois suprême. Jean de Fiennes, avec sa barbe rude et ses faibles épaules de vieillard, écoute Jean d'Aire qui, plus jeune, lui murmure des paroles où il confie peut-être son horreur de mourir et demande au vieillard les encouragements du renoncement. Cependant, en avant de tous, les deux frères Jacques et Pierre de Wissant, résolus, s'avancent : et l'un se retourne vers ses amis pour les hâter, tandis que l'autre l'exhorte en désignant le ciel d'un geste contenu.

L'entière réalité de ces figures frappe autant que leur idéalité, comme dans les belles créations des Primitifs.

Ce sont là des hommes dont la nudité absolument réelle se révèle sous les sacs qui les revêtent grossièrement, nudité aucunement stylisée, montrée dans toute sa véracité, par l'artiste qui a choisi des modèles appropriés à ses personnages sans aucun souci de les arranger, de leur donner cette prétendue *beauté* qui ne serait qu'un mensonge et un affadissement. Ce sont six misérables hommes qui tremblent de froid et d'angoisse. La scène est aussi près de l'histoire que possible, et les visages sont vrais, laids ou quelconques. Mais une idée les transfigure. La tragédie de leur sacrifice leur donne une étrange grandeur, et ils deviennent beaux parce que leur âme est belle. On devine la gradation de leurs réflexions : aucun n'envisage son sort comme l'autre, parce que, si ce qu'ils veulent les réunit, ce qu'ils quittent est différent pour chacun, et tout en eux parle, depuis les visages jusqu'aux moindres attitudes des membres. Leur expression est sobre, un silence lourd les enveloppe, on les suit des yeux comme les Calaisiens durent les suivre du haut de leurs murs ; et ils sont groupés de telle sorte que de tous côtés on les voit séparément, offrant un aspect distinct, et que pourtant un même socle les unit et les dresse. C'est une merveille de composition psychologique.

La technique sert cette composition. On y trouve la puissance du *Saint Jean*, mais avec plus de simplification. Les plans essentiels attirent seuls les yeux, les détails sont inféodés à l'ensemble.

D'admirables morceaux de nu ne se remarquent qu'après un long examen : on pense à peine à la matière tant le drame intellectuel saisit l'esprit dès l'abord, comme l'a voulu Rodin. Ces six êtres côte à côte sont d'une tristesse auguste, et c'est par la simplicité, par l'absence de tout geste théâtral qu'ils émeuvent. On sent les corps sous les chemises, car Rodin a fait six nus parfaits avant d'y jeter ces lambeaux d'étoffes et ces cordes nouées. Les pieds sont fortement attachés au sol : on devine que les jambes sont lourdes, parce que chaque pas mène à la mort, bien que la volonté commande la marche. L'impression est extraordinaire, et telle qu'aucune sculpture ne la donna peut-être jamais. C'est d'une réalité de tous les temps, c'est l'épopée du sacrifice des humbles. Quant au style, il fait penser aux Gothiques par la puissance rugueuse des saillies, l'ascétisme des têtes, la force des membres noueux. On songe invinciblement aux Primitifs flamands et surtout aux géniaux sculpteurs et imagiers bourguignons qui ont fait les immortelles figures du tombeau de Philippe Pot, au Louvre. C'est la même préoccupation de la sculpture expressive, ne cherchant la beauté que dans l'intensité du caractère, et trouvant le style dans l'étude sincère de la réalité, pour concourir à la plus grande synthèse de la pensée générale de l'œuvre. Rodin est bien là un sculpteur français et septentrional, étranger à tout ce que l'académisme, hypnotisé par l'italianisme de la seconde Renaissance, a pu inventer comme dogmes du beau. Les *Bourgeois de Calais* sont une œuvre de la vraie tradition française classique, de ce classicisme national qui n'a rien de commun avec le classicisme importé d'Italie en 1550 et dont nos artistes autochtones ont été si longtemps opprimés grâce à l'École de Rome. On constate violemment devant une telle création cette vérité qui est tout le secret du génie de Rodin et de l'enthousiasme qu'il souleva. Plus que Rude, que Barye, que Carpeaux même, il a su s'affranchir, remonter à force de pensée et de maîtrise à notre véritable lignée nationale.

Les *Bourgeois* devaient, dans la pensée de Rodin, être placés devant le vieil Hôtel de Ville de Calais, ou face à la mer : et il voulait que le groupe fût placé sur un piédestal très haut, de façon que les figures se détachent en plein ciel, ou au contraire presque au niveau du sol, que chacun pût tourner autour, vivre près d'eux, les coudoyer presque. On a choisi un mauvais emplacement et on a fait choix d'un piédestal de hauteur moyenne et d'aspect ordinaire. Les

*Bourgeois* n'en sont pas moins très beaux — et certainement l'œuvre de sculpture la plus puissante de l'époque. J'ai promis d'être sobre d'éloges sur Rodin ; mais je ne vois pas pourquoi je tairais ma conviction devant une telle œuvre. Ceux qui la verront ne pourront que, comme moi, l'attribuer à un penseur et à un artiste de génie.

Elle prouve, de plus, que Rodin était né pour la plus haute mission de son art : la statuaire monumentale, fleur suprême de l'architecture. S'il s'est restreint aux « morceaux », c'est que l'âge des cathédrales est fini, que l'architecture de la pierre est réduite au pastiche banal, que celle du fer exclut la statue, et qu'enfin on s'est ingénié à ôter à Rodin les rares occasions de travail monumental. « Les sculpteurs, aujourd'hui, sont les épaves d'un vaisseau perdu, » disait-il tristement. Il eût voulu être l'imagier d'un de ces portails de basiliques dont il a si admirablement parlé — et il eût pu l'être, né dans un autre temps.

## III

L'œuvre de Rodin de 1895 à 1898 : petits groupes. —
La statue de *Balzac* : l'incident de la Société des Gens
de Lettres. — La technique du *Balzac*. — Les idées
de Rodin sur le modelage et la composition. — Ses
opinions sur les Grecs, les Gothiques, le classicisme,
les sujets mythiques. — La période « antique » de
Rodin.

L'année 1896 fut occupée par la continuation
des travaux au monument Hugo. La *Muse de la
Colère*, celle de la *Voix intérieure*, furent con-
duites à leur achèvement définitif. Rodin fit
en outre une très belle tête de *Minerve* en marbre,
avec un casque d'argent, une statue d'un *Vainqueur*, tenant une image de la *Victoire*, et deux
groupes : le *Poète et la Vie contemplative* (pour
M. Fenaille, l'amateur fidèle qui devait plus tard
éditer ses dessins), et une merveille d'inspiration,
l'*Eternelle Idole*. Une jeune femme nue est demi-

assise, la tête penchée, le regard perdu dans le rêve. Un homme, agenouillé devant elle, retenant son désir, les bras derrière le dos, avance doucement la tête et embrasse l'idole sous le sein gauche, à la place du cœur, avec une ferveur muette, une concentration mystique et amoureuse de tout l'être. Rarement la sculpture admit autant de vie frémissante, autant d'émotion psychologique unie à la perfection plastique, à l'originalité de l'arrangement.

De 1897 datent le groupe en marbre des *Baigneuses*, les études dernières pour le *Balzac*, et les études pour le *Monument du président Sarmiento*, statue sur piédestal à haut-relief. Les petits groupes en marbre et en bronze sont une forme que Rodin affectionne. Il a été conduit à s'en occuper beaucoup à cause de la *Porte de l'Enfer*, dont les dimensions nécessitaient des figurines. De plus, Rodin réserve cette forme d'art à certaines catégories d'œuvres ayant un caractère passionnel et intime. Il faut qu'on puisse tourner aisément autour, se pencher sur elles, presque les toucher et les changer de place, qu'on vive près d'elles autrement qu'on ne le peut faire avec les grandes figures qu'on doit regarder de bas en haut. La forme heureuse du petit bloc sculpté, dont le XVIIIe siècle avait tiré un si grand parti, permet cette constante communion du spectateur et de l'œuvre. Rodin, qui exécute si largement ses grandes figures, réserve à celles-ci une exécution minutieuse, quoique sans mièvrerie. Les silhouettes restent larges, au point que l'œuvre pourrait toujours être grandie, mais les modelés sont caressés avec un étrange amour de la forme. Là le statuaire rude et d'une austérité toute gothique touche au marbre avec des précautions et des raffinements d'amant, il se révèle le fervent adorateur de la suave chair féminine, il se joue des plus subtiles variations de clarté sur l'inflexion de ses marmoréennes surfaces, et cet homme à qui on a reproché de ne s'occuper que du « caractère » et de dédaigner « la beauté » exécute des bras, des nuques, des genoux, des seins d'une perfection délicieuse. Son type favori de femme est la femme longue, fine, à la gorge menue et aux reins très cambrés, avec une face volontaire, la femme nerveuse, féline, cérébrale et voluptueuse telle que Baudelaire et Rops l'ont rêvée. La caractéristique des petits groupes de Rodin, c'est la recherche de nouvelles combinaisons de mouvements. J'ai dit que son idée essentielle était de faire un art *dynamique* : c'est-à-dire qu'en présence d'une école académique arrivée à l'inertie par souci de la pseudo-harmonie, il était résolu à tirer la sculpture de cette impasse en cherchant avant tout à lui faire trouver dans l'expression des mouvements toute une conception nouvelle de la silhouette décorative. De là ces petits groupes d'amants dont les attitudes sont infiniment variées, ces aspects curieux, où les bras, les jambes sont placés aussi librement que dans une peinture. Mais celle-ci a le secours des ombres, des arrière-plans, des valeurs, qui permettent de concentrer la lumière sur un point central et d'estomper le reste. Rodin a cherché à composer ses plus audacieux mouvements de façon qu'en tournant autour on leur trouvât toujours un aspect nouveau, au lieu que la sculpture habituelle, faite pour être vue d'un seul point, ne supporte guère qu'on tourne derrière elle. Cette difficulté et cette idée ont conduit Rodin à traiter le modelé et la composition d'une façon que je développerai tout à l'heure, et à inventer une statuaire qui emprunte à la peinture certaines de ses lois.

Ces pensées, Rodin les mûrissait depuis longtemps, lorsqu'enfin il se résolut à les appliquer à son *Balzac*, qui fut réellement non son premier essai dans cette voie, mais le premier qu'on ait vu en public. Lorsque cette statue parut au Salon de 1898, elle fit une telle émeute que l'opinion en oublia pendant huit jours les péripéties du vaste roman-feuilleton qu'était l'affaire Dreyfus.

Ce fut un tapage extraordinaire, les uns criant au scandale et à la mystification, les autres défendant chaudement l'œuvre nouvelle. La Société des Gens de Lettres, déjà indisposée par les retards apportés par Rodin à l'achèvement de la statue, déclara tout net qu'elle refusait le *Balzac*, décision qui entraîna la démission de son comité. Rodin eût pu faire un procès et le gagner, car son traité obligeait, en droit, la Société à accepter l'œuvre telle qu'il la présentait. Il préféra retirer son œuvre sans en réclamer le prix et sans discuter. Une fois de plus son art rencontrait une opposition violente de la part du camp officiel : son caractère répugnait à la lutte. Inflexible dans sa volonté de producteur, il fut timide et fier vis-à-vis des contradictions. Il eut d'ailleurs l'occasion d'une vengeance malicieuse et spirituelle. On chargea Falguière de faire un *Balzac*. Cela mit Falguière dans une position fort gênante : après le bruit fait sur la statue de Rodin, il était obligé de faire plus beau, ou tout au moins aussi intéressant. Il était sûr d'être mal reçu par les admirateurs de Rodin, et il lui fallait plaire aux autres. Falguière n'aboutit qu'à faire une œuvre médiocre. Le

*Balzac* qu'on voit aujourd'hui avenue de Friedland n'est qu'un demi-pastiche de celui de Rodin, c'est le *Balzac* de Rodin assis, sans caractère ni intérêt. Cette œuvre parut en 1900, à un moment où l'opinion revenait déjà sur l'injustice faite à Rodin, elle mécontenta tout le monde. Rodin alors, pour bien montrer que l'incident n'avait nullement altéré ses bons rapports avec Falguière (1), fit un admirable buste de son confrère, aussi beau qu'était médiocre le second *Balzac*, donnant ainsi à Falguière et au public lui-même une silencieuse et ironique leçon.

Qu'était donc ce *Balzac* tant détesté, sur lequel on écrivit les choses les plus injurieuses et les plus bizarres ?

Tout simplement l'effigie du grand écrivain drapé dans une robe de chambre dont les manches vides sont pendantes : il s'est levé, la nuit ; dans le désordre de l'insomnie, il marche, pourchassant une idée subitement apparue. Il est cambré, rejetant la tête en arrière, avec des yeux profondément enfoncés et une bouche crispée, au sourire de défi. Son cou puissant, un véritable cou de taureau, se dégage du peignoir échancré. Rodin s'est servi de divers daguerréotypes, notamment

(1) Rodin n'a jamais oublié la loyauté de Falguière lors de l'incident de l'*Age d'airain*.

d'un célèbre portrait de Balzac en manches de chemise, avec une seule bretelle, les bras croisés. La proportion énorme de la tête, la force étonnante du thorax, l'aspect monstrueux et léonin de la figure, tout est exact. « C'était, dit Lamartine en parlant de Balzac, la figure d'un élément, avec le torse relié à la tête par un cou énorme, des jambes basses et des bras courts. » C'est la justification même de la statue. Rodin l'avait étudiée nue, puis il la revêtit d'une robe (ou plus exactement d'un peignoir de bain, car c'était cela la fameuse robe monacale de Balzac), et il simplifia encore les plis jusqu'à n'en laisser que deux ou trois essentiels. L'aspect obtenu, avec la disproportion du torse et des jambes, conduisit Rodin à cacher les bras, courts, disgracieux et inutiles, sous l'étoffe : et ainsi la figure prit assez bien l'aspect d'une momie, d'une sorte de monolithe d'où émergeait, seule intéressante, la sauvage et magnifique brutalité de la tête aux regards ténébreux, au rictus amer, que Rodin avait étudiée à part, en un petit bronze. Un grand sursaut des épaules renverse légèrement en arrière le corps en le faisant porter sur une jambe qu'on devine pliée, tandis que l'autre s'avance pour la marche.

L'ensemble donne l'impression d'un menhir,

d'une pierre votive. La tête concentre uniquement l'intérêt. Rodin pense logiquement que la représentation d'une figure célèbre n'offre aucun intérêt corporel. Il est évident qu'il y a là-dessus une immense erreur. Les anciens nous ont transmis des statues nues ou drapées. Il ne faut pas oublier que cet hommage était adressé presque toujours à des guerriers, des athlètes, des courtisanes ; les représenter en tout leur corps c'était dire leur gloire. Leur belle forme recevait un hommage approprié. Les dieux étaient conçus comme les incarnations du beau moral dans le beau plastique. Mais à mesure que les mœurs et le temps ont conduit à honorer des hommes grands par la pensée, leur représentation corporelle s'est engagée dans une voie très fausse. Le costume, le physique n'avaient plus d'intérêt plastique, et le mode d'hommage restait le même. Il eût fallu des bustes, avec des stèles commémorant par écrit les actes ou les œuvres. Mais cette forme, seule intelligente, parut trop mesquine à nos modernes époques de statuomanie. De là l'hérésie de ces messieurs en redingotes qui déshonorent les villes actuelles, aux carrefours desquels on les juche sur des socles. On arrive à cette absurdité : pour honorer l'âme, on reproduit son déchet, le corps qui est destiné au néant du cimetière, et on représente aussi exactement les souliers et les habits que la tête. On s'efforce, par piété pour l'essentiel d'un penseur, de représenter ce qu'il eut de transitoire. C'est de la photographie en bronze, un misérable non-sens artistique. Cependant, dès l'instant qu'on doit céder à l'usage et représenter en entier un homme dont seule la tête est importante comme document, encore faut-il lui donner un corps vraisemblable ; mais l'artiste devra tenter le plus possible de concentrer l'intérêt sur le visage. L'illogisme du genre en lui-même est tel, que l'on copie les corps et les habits sur des modèles quelconques auxquels oh ajuste la tête du personnage à glorifier, heureux encore si on a pu la reconstituer d'après des documents ! Car bon nombre de statues représentent un individu qui n'a jamais été tel et dont on n'a aucune image authentique, ce qui est le comble de l'absurdité, et l'honneur le plus burlesque. Un monument allégorique s'imposerait en pareil cas : on n'en voit pas moins par centaines de telles statues, et le préjugé de la vraisemblance exige qu'on contemple les broderies de leurs pourpoints ou les décorations de leurs habits.

Rodin, révolté par de telles idées qui ravalent son art au niveau le plus bas, était au moins d'avis qu'il faut faire en sorte, par la composition et l'expression, que le spectateur oublie la plastique corporelle. Dans ses bustes il néglige l'inévitable faux col, col de redingote et cravate. Le costume élégant de Claude Lorrain, la chemise et la corde des *Bourgeois de Calais* l'avaient servi, et dans les statues du général Lynch, de Bastien-Lepage, il avait réduit le costume moderne à de larges reliefs de bronze, sans détails précis. Surtout dans l'effigie d'un penseur il recherchait le moyen d'annuler le costume. Le caractère olympien de Hugo permettait le nu ; pour la puissante difformité de Balzac la robe de chambre fut opportune. La majorité des railleurs ne savaient même pas que ce costume sommaire était habituel à l'écrivain, que Rodin a préféré surprendre chez lui, dans la fièvre du travail, au lieu de le représenter dans la rue, avec une canne et un chapeau, comme ils l'eussent sans doute attendu.

Le *Balzac* offre donc l'aspect d'une gaine de pierre, bossuée par quelques plis tourmentés qui, de dos, lui donnent l'aspect d'un sarcophage debout. La grosseur de la tête et l'énormité anormale de la poitrine et du cou, qui ont soulevé les railleries, sont conformes à l'histoire. A part cela on se demande de bonne foi ce qui a pu choquer en cette œuvre hardie et sincère. Le masque est admirable de fierté, de volonté, d'ironie hautaine et de pensée pénétrante. Les modelés, les plans sont pleins de puissance. L'aspect un peu spectral du plâtre n'existe plus dans le bronze, comme le montre la petite tête exécutée en cette matière, qui devait être celle du monument. C'est la liberté, la spontanéité, la vie de cette statue qui ont, comme pour les *Bourgeois*, choqué les conventions du monde officiel et dérangé les idées du gros public.

Il n'en est pas moins vrai que, de l'aveu général, même parmi les plus acharnés, cette grande figure possède une puissance de hantise étrange : on ne pouvait, au Salon, rien voir après elle, ni s'en détacher. On y revenait pour l'attaquer, mais on y revenait invinciblement. Les mêmes sculpteurs officiels qui, en 1877, avaient accusé l'*Age d'airain* d'être moulé sur nature, tant son dessin était fort, ne craignaient pas d'accuser le même Rodin, mûri par vingt ans de travail, de « ne pas savoir dessiner » et de cacher son Balzac sous une robe par impuissance. En dehors de tels reproches dus à la mauvaise foi, d'autres criaient à la folie de Rodin, ou déploraient hypocritement qu'un homme d'un tel talent se fût trompé à ce point. Mais la seule chose que le *Balzac* ne pouvait rencontrer, c'était l'indifférence : par quelle sorcellerie tous s'obstinaient-ils à le regarder comme une énigme irritante, comme un défi, comme une œuvre d'exception? On voyait là des visages hostiles, mais sur beaucoup se lisait la peur secrète de se tromper, de méconnaître une belle chose, une œuvre de précurseur. Cette peur, on la lisait déjà en 1865 sur les faces des détracteurs qui faisaient cercle devant les premiers Manet.

La sorcellerie, c'était la simplification extrême, la réduction des éléments à une unité puissante, selon une méthode que Rodin avait expérimentée en silence, et qu'il révélait enfin. Et me voici conduit à exposer sommairement les idées de Rodin sur la technique de son art.

J'ai raconté au moment du *Balzac* (1), en un article qui a été reproduit un peu partout et que Rodin a bien voulu considérer comme l'émanation et l'expression directe de sa volonté artistique, de quelle manière il avait été amené à une nouvelle conception de la sculpture. Je ne puis entrer dans tous les détails, le cadre de ce livre n'y suffirait pas, mais voici les points principaux de cette évolution.

Rodin eut avant tout un tempérament porté à l'expression du caractère passionnel et tragique.

(1) *Revue des revues* (de Paris), du 15 juin 1898.

De là sa constante étude du mouvement. Comme je l'ai dit plus haut, cette étude l'a mené à donner aux silhouettes des valeurs inattendues, et par conséquent à faire en sorte qu'on puisse tourner autour de ses œuvres en rencontrant toujours un aspect nouveau et équilibré expliquant les autres aspects : sans cela, les gestes osés, les combinaisons hardies des membres eussent donné des apparences absurdes aux groupes. Rodin à la fois très réfléchi et très instinctif mûrissait longuement une pensée, mais souvent il passait par hasard de cette pensée à sa réalisation. Ceci est le trait dominant de sa nature, et qui explique tout son art. Rodin semblait souvent inconscient, étonné de ce qu'il portait en lui et de ce qu'il a fait naître, au point qu'il s'en expliquait assez mal. Il voyait sa pensée dans toute la nature, et l'y retrouvait : cette pensée était en effet nourrie d'idées générales et presque « élémentale », si je puis dire. Le *génie* de Rodin fut indépendant, à ce point de vue, de son *talent* de sculpteur. Il lui arriva parfois de voir un bloc de marbre, ou un nœud de bois, et la forme de ces objets lui indiqua ce qu'il ferait, le mouvement de la figure. Il y adapta une des idées, qu'il avait toujours en réserve : l'aspect du bois ou du marbre détermine le passage de l'idée à la matière qui l'incarnera.

J'ai dit un jour à Rodin : « On dirait que vous savez qu'il y a une figure dans ce bloc, et que vous vous bornez à casser tout autour la gangue qui nous la cache. » Il m'a répondu que c'était absolument son impression en travaillant. Rodin eut sur le nu des idées spéciales à sa nature de mystique et de réaliste. Il considérait que le corps, avec ses quatre membres, est un chiffre dont les combinaisons sont infinies. C'est une vieille idée qu'avaient les théologiens primitifs des religions orientales. Et le fait est que Rodin a inventé une immense série d'attitudes, de combinaisons qu'on n'eût pas crues possibles : il accroche de petits groupes au flanc d'un bloc de marbre avec la liberté d'un peintre jetant une figure sur un fond. Il rend ses personnages légers, planants, il les enlace dans des positions surprenantes.

Il fallait donc absolument qu'il trouvât moyen de constituer une harmonie logique *de tous côtés* de ses œuvres. La statuaire d'école est opposée à ce principe. Elle a tendance à traiter les groupes comme des bas-reliefs. On doit se placer devant, à un certain endroit, et ce qui est derrière est accessoire : la ligne décorative n'a son effet que de ce point. C'est si vrai que, dans les squares, on place très souvent des statues de façon que le public ne peut les contourner. Les statuaires d'école travaillent à une œuvre sculptée comme à un tableau : il y a un endroit et un envers. Rodin, choqué par cette méthode, commença par travailler tout autrement. Il fit des dessins successifs de tous les plans de ses œuvres, en tournant constamment autour, de façon à obtenir une série de plans se reliant circulairement. Un voyage en Italie l'avait conduit à penser que les Antiques procédaient ainsi, et cherchaient à obtenir avant tout le dessin des silhouettes par le mouvement, lequel modifie constamment l'anatomie. L'anatomie, indispensable à l'artiste, devient la source de toutes les erreurs d'école si l'on oublie qu'elle n'est que l'inertie, le non-acte, et par conséquent incapable de renseigner expressément sur la vie, sur les modifications que la pensée impose à la chair. Ce sont les profils successivement étudiés dans la lumière qui donnent la valeur vraie d'une figure vivante. Rodin se trouva enchanté de cette façon de travailler. Mais ses velléités de peintre, ses idées sur la création possible d'un *fond* en sculpture comme en peinture, ne se satisfaisaient pas. Quand l'École veut utiliser un fond pour un personnage, elle se borne à la bosse ou au relief. Rodin voulait qu'une statue fût libre, supportât d'être vue de partout, mais il cherchait quand

même à lui conserver une relation avec la lumière,
l'ambiance. Il était frappé de l'aspect de décou-
page, de sécheresse, des statues ordinaires, et il
se demandait comment les faire participer à
l'atmosphère. La peinture a pour cela deux
ressources : d'abord celle des valeurs. Les *valeurs*
sont indépendantes de la couleur. Élément
commun aux deux arts, les valeurs sont, pour la
peinture et la sculpture, *les relations d'opacité
ou de transparence d'un objet et du fond sur lequel
il est vu.* Elles peuvent être noires sur fond clair,
claires sur fond noir, ou claires sur un fond également clair : mais toujours elles sont la vie
même de toute silhouette, et ce qui importe,
c'est de préciser avant tout cette silhouette.
Quand nous voyons une personne placée entre
le soleil et nous, à contre-lumière, nous ne perce-
vons pas d'abord les détails inscrits à l'intérieur
de sa silhouette, mais bien la masse générale de
son corps ; et cette masse est remplie d'une coloration plus ou moins intense où nous distinguons
ensuite les détails. Notre perception à ce moment
est autant sculpturale que picturale. Rodin,
frappé de l'importance de cette idée, s'attacha à
obtenir, *d'abord et ensemble,* le *volume,* c'est-à-dire
ce qui en sculpture équivaut à la *valeur,* et le
dessin des *plans successifs d'un mouvement.*

Mais la seconde ressource de la peinture, c'est l'emploi de tonalités intermédiaires nimbant la figure et se reliant au fond. Comment trouver l'équivalence de cette ressource? La logique conduisit Rodin à une audace qui l'effraya : il fit des essais en examinant de très près les Antiques. Il prit des fragments de ses statues et commença de les renforcer par des couches de plâtre à certains endroits, en grossissant les modelés, en élargissant les plans. Il remarqua alors que la lumière se jouait mieux sur ces plans élargis ; sur ces surfaces amplifiées la réfraction de la clarté était plus moelleuse, la sécheresse des silhouettes découpées s'abolissait, et il se formait autour des figures une zone radiante qui les unissait graduellement à l'atmosphère. Ainsi donc se créait, par cette accentuation systématique des silhouettes, une tonalité intermédiaire entre la figure et le ciel, un *rayonnement des formes*.

Rodin comprit tout de suite qu'il était conduit au plus profond des secrets de son art, c'est-à-dire à la limite idéale où un art plastique rejoint, par ses lois secrètes, les autres arts, dans la négation de toute matérialité. Les tons intermédiaires de la peinture, les modelés rayonnants en statuaire, c'était le même principe que les radiations nerveuses qu'on enregistre en photographiant une main et en constatant que les doigts se prolongent par des effluves. Rien n'est arrêté, limité, fini dans la nature, et l'état radiant est seul réel. Mais c'était une dangereuse découverte pour un sculpteur, puisqu'à l'instant on allait crier à la *déformation du visible*, à l'altération de l'exact, à la falsification de l'anatomie. Aussi Rodin procéda-t-il en silence et avec une prudence très grande. Il ne s'agissait pas, bien entendu, de *grossir tous les plans également*, car on n'eût obtenu qu'un agrandissement proportionnel. Il fallait, avec tact, *amplifier certains modelés*, à la limite desquels la lumière affleurait, de façon à nimber la silhouette. Rodin, en même temps, s'exerçait à des séries de dessins faits en ce sens, s'interdisant tout détail, ne traçant que les silhouettes des corps et les emplissant d'une seule teinte d'aquarelle donnant la *valeur*. Je reviendrai sur ces dessins : on ne saurait les comprendre sans savoir leur but primitif.

Cette théorie, à laquelle Rodin m'approuva de donner le nom d'*amplification raisonnée des plans*, est tout simplement le principe critique de la sculpture grecque, que l'École a totalement méconnu, elle qui est censée honorer les Grecs et trahit en réalité leur esprit et leur enseignement.

Et ce principe, propre à toute la statuaire primitive faite pour le plein-air, on le retrouve chez les Égyptiens, chez les Assyriens. Il met en cause la tradition d'École, l'*exactitude* confondue avec le *vrai*. En réalité, on peut dire que c'est un principe profondément classique, qui a été démenti par l'École académique. Là comme en peinture, le classicisme s'oppose à l'académisme. Et il faut conclure en réalité que Rodin n'est aucunement un *novateur*, par opposition à une école gardant les traditions classiques, mais précisément un classique revenant à la Nature et se replaçant dans l'état d'esprit d'un Grec devant son modèle, par opposition à une école qui a surchargé l'art de procédés, de formules, d'expédients qui altèrent le caractère de l'art antique et gothique. Rodin eut horreur de ce qu'on appelle « l'originalité » et plus encore de ce qu'on appelle « l'inspiration ». Il ne se fia exactement qu'au travail et à l'observation minutieuse, sincère, de la Nature. « La lenteur est une beauté », a-t-il dit souvent. Il a de plus la plus grande antipathie pour « la sculpture à intentions littéraires » et il a été souvent froissé sans le dire de certains éloges où des écrivains, rédigeant à propos de ses œuvres des pages de descriptions, pensaient lui faire plaisir en ne s'attachant qu'à l'idée et non à l'exécution. « Je

n'invente rien, disait-il: je retrouve. Et cela paraît
nouveau parce qu'on a généralement perdu de
vue le but et les moyens de mon art : on prend
pour de l'innovation ce qui n'est qu'un retour
aux lois de la grande statuaire de jadis. Évidem-
ment je pense, j'aime certains symboles, je vois
dans un sens synthétique, mais c'est la Nature
qui me donne tout cela. Je n'imite pas les Grecs,
je tâche de me mettre dans l'état d'âme des
hommes qui nous ont laissé les statues antiques.
L'École copie leurs œuvres ; c'est *retrouver leur
méthode* qui importe. J'ai d'abord donné des
études strictes de nature, comme l'*Age d'airain*.
Plus tard j'ai compris que l'art demandait un
peu plus de largeur, d'exagération, et tout mon
but a été, à partir des *Bourgeois*, de trouver le
moyen d'exagérer logiquement : ce moyen, c'est
l'amplification raisonnée du modelé. C'est, aussi,
la réduction constante de la figure à une figure
géométrique, et la résolution de sacrifier toute
partie d'une figure à la synthèse de son aspect.
Voyez ce qu'ont fait les Gothiques. Voyez la
cathédrale de Chartres : une des tours est massive
et sans ornements, ils l'ont sacrifiée pour mieux
faire valoir l'exquise délicatesse de l'autre tour.

« En sculpture il faut accentuer la saillie des
faisceaux musculaires, forcer les raccourcis,

creuser les trous ; la sculpture, c'est l'art du trou et de la bosse, et non la netteté des figures lisses et sans modelés. Les ignorants disent, devant des plans serrés et justes, que « ce n'est pas *fini* ». Aucune notion n'est plus fausse que celle du *fini*, sinon celle de l'*élégance* : avec ces deux idées-là on tuerait notre art. C'est par le travail poussé à bout non dans le sens de l'achèvement, de la copie des détails, mais dans la justesse des plans successifs, qu'on obtient la solidité, la vie. Le public, perverti par les préjugés académiques, confond l'art et la propreté. La simplicité de l'École, c'est l'idéal du carton peint. Le moulage sur nature est une copie, et la plus exacte, et cependant il n'a ni mouvement ni éloquence. L'art intervient pour exagérer certains plans, et donner ainsi de la finesse aux autres. En sculpture, tout tient dans la façon d'exécuter le modelé en cherchant la ligne active du plan, de rendre le creux, la saillie, leurs liaisons, et c'est ainsi qu'on obtient de belles lumières et surtout de belles ombres sans opacité. Tout doit être outré selon l'accent qu'on veut rendre, et le degré de l'amplification est personnel au tact, au tempérament de chaque sculpteur : c'est pourquoi ce n'est pas un procédé transmissible, une recette d'atelier, mais une loi juste. Je la vois chez les Antiques, et chez Michel-Ange. Travailler par les profils, en profondeur, et non par faces, en pensant toujours aux quelques formes géométriques d'où procède toute la nature, faire sentir ces formes éternelles sous le cas particulier de l'objet étudié, voilà mon critérium. Ce n'est pas de l'idéalisme, cela, c'est du métier. Mes idées n'ont rien à voir là : sans cette méthode, mes Danaïdes, mes figures dantesques ne seraient que des choses molles, mauvaises. De la forme large que j'obtiens votre esprit déduit des idées. »

Ainsi donc Rodin est convaincu d'être un classique, et s'élève contre l'École qui prétend l'être. Il a la plus grande admiration pour la Renaissance ; il déclare comprendre moins clairement le génie des Gothiques. Il l'admire, mais ne l'a pas entièrement pénétré. « Je le sens, mais ne puis pas l'exprimer, dit-il. Je ne puis analyser à mon gré le génie celtique. Au Moyen Age, l'art provenait des groupes, non des individus, il était anonyme : les sculpteurs de cathédrales ne signaient pas plus leurs œuvres que nos ouvriers ne signent un trottoir qu'ils construisent. Ah ! l'admirable dédain de la notoriété ! La signature, c'est ce qui nous perd. Nous faisons du portrait, nous faisons moins grand. Ces rois, ces reines des cathédrales, n'étaient pas des portraits. Les compagnons posaient entre eux, et ils interprétaient, ne copiaient pas. Ils faisaient habillé : le nu et le portrait n'ont daté que de la Renaissance. Et puis, ces gens-là sculptaient au bout de l'outil dans la pierre : c'est pour cela qu'on les appelait des sculpteurs. Nous, nous sommes des modeleurs. Et quelle honte que ce moulage sur nature que tant de statuaires renommés ne rougissent pas d'employer ! C'est une vraie escroquerie d'art. L'art, pour les imagiers du xiii<sup>e</sup> siècle, c'était une fonction vitale : ils se moquaient de signer, ne rêvaient ni croix ni titres. Une fois le travail fini, ils n'en parlaient plus ; ou bien ils conversaient entre eux ; comme ce devait être curieux de les entendre, d'assister à ces réunions où ils devaient discuter avec des mots amusants, des idées naïves et profondes... Le jour où les cathédrales disparaîtront, la civilisation descendra d'un degré. Et déjà nous ne les comprenons plus, nous ne savons plus lire leur langage muet. *Ce sont des fouilles qu'il faut faire, non dans la terre, mais vers le ciel...* »

Parole admirable, que Rodin m'a souvent redite et que je n'ai jamais entendue sans une profonde émotion ! Il possédait le secret de ces formules justes, et sa parole sans éloquence, plutôt difficile, s'en illuminait brusquement. Comme sa sculpture, elle naissait d'un contact sincère avec l'essence de la nature. Relativement à la Renaissance, et surtout à Michel-Ange, il disait n'en avoir tiré une leçon décisive qu'après un voyage en Italie en 1875.

« Je croyais auparavant, dit-il, que le mouvement était tout le secret de cet art, et je donnais à mes modèles des poses michel-angesques. Mais, comme je continuais d'observer les allures libres de mes modèles, je me suis aperçu que ces modèles possédaient *naturellement* ces attitudes, et que Michel-Ange ne les avait pas préconçues, mais simplement transcrites d'après l'inspiration personnelle des êtres mus par la nécessité de l'action. J'allais chercher à Rome ce qu'on trouve partout : *l'héroïsme latent de tout mouvement naturel* (1). J'ai perçu alors les éléments de ce qu'on appelle mon symbolisme. Je n'entends rien aux grands mots et aux théories. Mais je veux bien être symboliste, si cela définit les idées que m'a données Michel-Ange, c'est-à-dire que le principe essentiel de la sculpture, c'est le modelé, le plan, qui seul permet de rendre l'intensité, la souple variété du mouvement et du caractère. Si nous

(1) Il m'arrive de souligner : ce n'est pas que Rodin soulignât par sa voix. Mais j'essaie de préciser ainsi, dans ses conversations, les formules qui en jaillissent et dont la réunion donnera au public l'idée de son esthétique instinctive, déduite de la vie.

pouvons imaginer la pensée de Dieu, en créant
le monde il a d'abord pensé au modelé, qui est le
principe unique de la nature, des êtres et peut-
être des planètes. Michel-Ange me semble procé-
der plutôt de Donatello que des Antiques dont
procédait Raphaël. Il a compris qu'avec le corps
humain pouvait s'édifier une architecture et que,
pour posséder le volume d'harmonie, une statue,
un groupe, doivent être contenus dans un cube,
une pyramide, une figure simple. Regardons un
intérieur hollandais et un intérieur peint par un
artiste d'aujourd'hui. Celui-ci ne nous touche
plus parce qu'il ne possède pas les qualités de
profondeur et de volume, la science des distances.
L'artiste qui le peint ne sait pas reproduire le
cube. Un intérieur de Van der Meer, c'est de la
peinture cubique. L'atmosphère y est, et le
volume exact des objets ; on a respecté la place
des objets, le peintre actuel les fait poser, les
arrange. Les Hollandais n'y touchaient pas,
s'appliquant à rendre les distances qui les sépa-
rent, c'est-à-dire la profondeur. Et alors si j'en
viens à dire que *la raison cubique est la maîtresse
des choses, et non pas l'apparence*, si j'ajoute que
la vue des plaines, des bois, des perspectives
de la campagne me donne des principes de
plans que j'utilise dans mes statues, que je sens

la raison cubique partout, que le plan, le volume,
m'apparaissent comme les lois de toute vie et de
toute beauté, dira-t-on que je suis symboliste,
généralisateur, métaphysicien? Il me semble
que je suis resté sculpteur, réaliste. L'unité
m'oppresse et me hante. »

« Quel est, dit encore Rodin, le principe de mes
figures, qu'est-ce qu'on y aime? C'est le pivot
même de l'art, c'est l'équilibre : c'est-à-dire
les oppositions des volumes qui produisent le
mouvement. C'est là le fait flagrant, matériel,
de l'art, n'en déplaise à ceux qui conçoivent l'art
comme distinct de la « brutale » réalité. L'art,
c'est comme l'amour. Pour beaucoup, c'est un
rêve, une complication psychologique, un palais,
un parfum, un décor ; mais pas du tout ! L'essentiel en amour, c'est l'accouplement, le reste n'est
que détails, charmants, passionnants, mais
détails. De même, en art, qu'on vienne me
vanter mes symboles, mes expressions : moi je
sais que l'essentiel ce sont les plans. Respectez
le plan, rendez-le exact de tous côtés, le mouvement intervient, déplace ces volumes, crée un nou-
vel équilibre. Le corps humain est comme un
*temple en marche* ; il a, comme un temple, un point
central autour duquel se placent et se répandent
les volumes. Quand on a compris cela, on a tout.

C'est simple, mais il faut le voir, et l'académisme ne veut pas le voir. Au lieu de se rendre compte que c'est là la clef de ma méthode, on préfère dire que je suis un poète. Cette expression signifie que les gens sentent confusément la différence entre un art de convention et un qui se réfère au vrai : seulement ils croient que l'art « poétique » c'est le conventionnel. C'est ce qu'ils appellent l'*inspiration*. C'est cette croyance qui a amené la théorie du génie-folie. Mais les hommes de génie sont justement *ceux qui, par le métier, portent à sa perfection l'essentiel*. On dit que ma sculpture est d'un exalté. Je ne nie pas qu'il y ait de l'exaltation dans mes œuvres : mais cette exaltation se trouvait non en moi, mais dans la nature en mouvement. L'œuvre divine est exaltée naturellement. Moi, je ne fais qu'être vrai : je n'ai pas un tempérament exalté, il est patient. Je ne suis pas un rêveur, mais un mathématicien, et si ma sculpture est bonne, c'est qu'elle est géométrique. »

On conçoit par ces fragments de conversations comment l'esprit généralisateur de Rodin le conduit du réalisme de son travail quotidien à la synthèse d'une certaine métaphysique idéoréaliste. Il a le sens (réservé aux génies) de la *continuité de l'univers*, et il l'avait certainement à une époque où, illettré, il n'eût pu s'en rendre compte expressément. Il formulait cette métaphysique à chaque instant, comme je l'ai entendu formuler à Stéphane Mallarmé, qui ne pouvait rien voir sans associer à l'instant deux idées ou images qu'on n'eût jamais songé à rapprocher. L'analogie spontanée est la marque du génie, et le secret de toute véritable poésie. C'est pourquoi je considère Rodin comme un très grand poète, mais non comme il le craignait, en donnant au contraire au mot poète son profond sens étymologique grec, celui de « faire, créer, animer ». On conçoit aussi à quel point une pareille intellectualité constitue un démenti vivant des idées de l'École. C'est forcément un isolé que l'homme qui pense ainsi, a lutté toute sa vie, et n'a jamais fait une concession en disant noblement : « L'artiste, comme la femme, a son honneur à garder. » Je citerai encore cette réflexion de Rodin (1) :

« Quand on suit la nature, on obtient tout. Quand j'ai un beau corps de femme pour modèle, les dessins que j'en prends me donnent des images d'insectes, d'oiseaux, de poissons. Cela

_________________

(1) Réflexion recueillie par M<sup>lle</sup> Judith Cladel en son curieux volume : *Rodin pris sur la vie* (éditions de *La Plume*, 1903).

paraît invraisemblable, et je ne m'en doutais pas moi-même. Autrefois je cherchais des formes de vases, soit pour Sèvres où je travaillais, soit pour ailleurs... Je n'arrivais pas à trouver une beauté de proportions et de lignes telle que je la pressentais, parce que je n'appuyais mes recherches que sur l'imagination. Depuis j'ai dessiné des corps de femmes, et l'un de ces corps m'a donné, dans sa synthèse, une superbe forme de vase, avec des lignes vraies et harmonieuses. Il ne s'agit donc pas de créer. Créer, improviser, ce sont des mots inutiles. Le génie ne vient qu'à celui qui comprend avec l'œil et l'intelligence. Tout est dans ce qui nous entoure. L'industrie, l'art ornemental, seraient à réformer d'après ces idées. J'aurais voulu faire cela. Tout se tient dans la nature, c'est un mouvement harmonique, continu, ininterrompu. Une femme, une montagne, un cheval, comme conception c'est la même chose, c'est construit selon les mêmes principes. Les jeunes artistes composent au lieu de suivre leurs modèles, de comprendre que là est l'infini. »

Rodin rejoint ici directement une vérité scientifique, qui est la relative monotonie des formes génératrices de la nature. La nature fait tout avec très peu de formes : les variantes sont

infinies au point qu'il n'y a pas deux feuilles
pareilles, mais la nervure d'une feuille, le dessin
d'un filon, d'une artère, d'une aile d'oiseau, d'une
arête de poisson, d'une cellule nerveuse sont
identiques, et la multiplicité naît de l'identité
et y retourne, en sorte que tout se réduit à une
géométrie fondamentale, qui n'est peut-être que
l'effet d'une génération cellulaire unique. En
cela les lois de l'art et de la science sont les
mêmes, ainsi qu'entre tous les arts il y a une
synthèse de lois communes, une identité là où
nous croyons à des différences. L'œuvre récente
de la science, par la constatation des états
radiants (Crookes, Rœntgen, Hertz) est en
train de ruiner la vieille conception de la matière,
de nous montrer son identification à l'imma-
tériel, et d'abolir ainsi nos préjugés sur l'idée et
le fait, la musique et la statuaire considérés
comme des manifestations distinctes. Je me
souviens d'avoir un jour longuement excité la
curiosité de Rodin en lui exposant le détail de
cette théorie ; il ne la connaissait pas, et écoutait
en moi un littérateur épris d'idées générales.
Mais il se trouva que dans son simple domaine
de sculpteur il savait et approfondissait bien
mieux que moi cette passionnante question de
l'identité. Esprit lumineux à la façon des rayons

cathodiques, il pénétrait ce qui lui est obscur plutôt qu'il ne le contournait. Ce jour-là, nous étions lui inquiet et moi agacé de certaines déclamations qu'on avait écrites sur « sa philosophie », et dont l'auteur n'avait certainement pas compris la portée ; et nous en vînmes à conclure qu'il vaudrait beaucoup mieux, pour la tranquillité de Rodin, se taire sur ces points-là, car on ne pouvait faire comprendre cette « philosophie » qu'à ceux qui comprendraient sa façon de sculpter.

Mais il sied de s'arrêter dans cette voie, et d'en revenir simplement à la question statuaire. Et je voudrais ne pas fatiguer le lecteur par ces abstractions, en disant quelques mots des opinions de Rodin sur l'antique. Il est donc bien entendu que le *Balzac*, mais déjà le *Hugo* et quelques figures, sont le produit de toutes ces réflexions précédentes.

« Quand je vis sortir mon *Balzac* dans la cour du dépôt des marbres pour aller au Salon, dit Rodin, je le fis placer exprès auprès du *Baiser*, terminé un peu avant. Je n'étais pas mécontent de la vigueur simplifiée de ce groupe, auquel j'avais déjà appliqué ces recherches. Mais je vis qu'il paraissait mou, qu'il ne se tenait pas, auprès du *Balzac*, comme le torse de Michel-

Ange auprès des beaux antiques, et alors je compris que j'étais dans le vrai. J'ai eu des hésitations, vous comprenez, des angoisses que je ne dis pas. Et puis, peu à peu, devant la nature, à mesure que je la comprenais mieux, et que je rejetais plus franchement mes préjugés, j'ai pris courage. Il m'a paru que c'était mieux. Je faisais au début des choses adroites, vivement menées, mais c'était mince, sec, je sentais qu'il y avait autre chose, et cette autre chose, c'est l'amplification. Je ne l'ai osée qu'à cinquante ans passés, mais, n'est-ce pas? j'ai le droit de ne plus tenir compte des objections de la foule et des journaux, j'ai mis du temps à savoir pourquoi j'agissais. Mes modelés essentiels y sont, et ils y seraient moins si je « finissais » davantage en apparence. Quant à polir et repolir des doigts de pied ou des boucles de cheveux, cela n'a aucun intérêt pour moi, cela compromet la grande ligne, l'âme de ce que j'ai voulu, et je n'ai rien de plus à dire là-dessus au public. Ici s'arrête la démarcation entre la confiance qu'il doit me garder et les concessions que je ne dois pas lui faire. » Cette résolution tenace et discrète, Rodin l'a gardée dans toutes les œuvres qui, depuis 1898, sont élaborées chez lui.

Je ne saurais mieux faire connaître ses opinions

sur l'antique qu'en citant les fragments suivants de deux études qu'il écrivit pour le *Musée*, revue d'art antique, en janvier et février 1904 : car Rodin a écrit, sans aucune prétention, mais avec la même lucidité de pensée qu'il apportait à sa conversation familière : l'une de ces études a trait à une statuette grecque du musée de Naples, l'autre à la leçon que nous donne l'antique :

« Tout d'abord l'Antique est la vie même. Rien n'est plus vivant que lui, et aucun style au monde n'a su ni pu rendre la vie comme lui. Les anciens ont été les plus grands, les plus sérieux, les plus admirables observateurs de la nature qu'il y ait jamais eus. L'Antique a pu rendre la vie parce que les anciens ont vu ce qu'il y a d'essentiel, les grands plans. Ils se sont bornés aux grandes ombres données par ces grands plans : et comme là est la vérité même, jamais leurs figures ainsi construites n'ont pu s'amollir. Ensuite, l'Antique est simple, et cela lui donne une énergie étonnante. Et puis c'est étudié beaucoup plus qu'il n'y paraît : je m'en suis rendu compte une fois. Quand j'ai eu fini mon *Age d'airain*, j'ai été en Italie et j'ai trouvé un Apollon ayant une jambe exactement dans la même pose que celle de mon *Age d'airain*, qui m'avait demandé six mois de travail. J'ai vu que, alors qu'en superficie tout paraît sommaire, en réalité tous les muscles sont construits, et l'on voit s'éveiller un à un tous les détails. C'est que les anciens étudiaient tout par les profils successivement, parce que, dans une figure quelconque, dans un morceau de figure, en réalité pas un profil n'est pareil à l'autre : lorsqu'on les étudie tous chacun à part, l'ensemble apparaît simple et vivant.

« La grosse erreur de l'école néo-grecque, en réalité, est celle-ci ; ce n'est pas le *type* qui est antique, c'est le *modelé*. Faute d'avoir compris cela, l'école néo-grecque n'a fait que du carton. Il est mauvais de donner l'antique aux débutants : c'est par lui qu'on doit, non commencer, mais finir. Quand vous voulez apprendre à quelqu'un à manger, vous lui donnez des aliments neufs pour qu'il apprenne à les broyer : l'idée ne vous viendrait jamais de lui donner, pour exercer ses dents, des aliments déjà triturés. Eh bien ! quand vous voulez apprendre la sculpture à quelqu'un, mettez-le directement à la nature, et quand il sera très fort sur elle vous lui direz : Maintenant, voilà ce qu'a fait l'Antique. Et celui-ci lui sera une source d'énergie nouvelle. Au lieu que si vous donnez l'antique au débutant qui n'a jamais lutté avec la nature, il n'y comprend rien, perd sa personnalité. Vous en faites un plagiaire qui, au lieu de faire à la nature sa propre prière, lui répétera la prière de l'antique sans en comprendre les termes. Il mourra vieil écolier, il ne mourra pas homme.

« Enseigner l'antique au début des études est le rendre incompréhensible : d'abord on n'enseigne pas l'antique, ce n'est pas possible, cet art de vérité et de simplicité ne peut s'enseigner. Le sculpteur travaille sur nature, et après il va voir dans les musées comment l'antique a rendu ce que lui-même vient de chercher sur la vie ; mais s'il va droit à l'antique en fermant les yeux à la nature, comme l'antique a toujours fait d'après nature, notre sculpteur ne pourra transporter cette vision dans son œuvre que facticement : il ne sera ni antique ni moderne, mais mauvais.

« De nos jours un homme peut faire de l'antique, non dans le sens faux de : *type antique*, mais dans le vrai sens de : *modelé antique*. Cet homme (peintre, graveur, sculpteur) prendra la nature, et s'il a la force de l'antique il en fera, parfaitement en désaccord avec celui qu'on enseigne, mais en accord avec les musées. L'École commence par la fin : quand on commence par la nature, on peut aller jusqu'aux inventions les plus invraisemblables : l'antique lui-même le prouve. Savez-vous quelque chose de plus impossible que le centaure? Mais est-il, à Olympie, quelque chose de plus beau? Les Antiques étaient tellement forts sur la nature qu'ils devenaient ses complices et créaient non des fantômes, mais des êtres qui vivaient malgré des impossibilités physiques. A mon sens, il vaudrait mieux ne pas étudier l'antique que l'étudier mal. Il n'est pas l'alphabet de l'artiste, mais la récompense de son travail. L'ordre qu'il nous donne n'est pas de le copier, mais de faire comme lui.

« Dire que l'antique, ce portrait de la claire merveille de la vie, est beau, constitue un éloge superficiel. La beauté n'est pas un point de départ, mais d'arrivée ; une chose ne peut être belle que si elle est vraie. La vérité elle-même n'est qu'une complète harmonie, et l'harmonie n'est, somme toute, qu'un faisceau d'utilités. Le miracle de la vie ne pourrait se perpétuer sans le renouvellement continu d'un universel équilibre. Les Antiques ont senti ce rythme immense, et leur art se modelant sur lui nous apparaît comme une naturelle et sublime expression de beauté... Un Antique a fait une statue. Comment s'y est-il pris? Il est inutile de faire intervenir des règles qui n'ont germé que dans les cerveaux de commentateurs disséquant une série d'œuvres après des siècles. L'antique reste incompris parce que nous n'avons pas l'esprit assez simple. Ce n'est pas en étudiant l'antique que nous saurons le secret : pour comprendre non la nomenclature, mais l'esprit, il faut commencer par étudier la nature. On ne comprend pas Rembrandt en le copiant au Louvre, on ne le comprend qu'en y arrivant par la nature. Or elle est toujours là qui attend patiemment qu'on refasse l'antique, le modèle est là, attendant que quelqu'un vienne enfin, de n'importe où. Car c'est une erreur de croire que l'antique vient du Midi : il est de partout. On peut faire de l'antique avec une Hollandaise ou une Américaine, le type n'est rien, le modelé est tout.

« Ce qui fait la nourriture de l'antique, c'est le plan, réunion des profils de tous les côtés. Les néo-Grecs ont dit : « L'antique, c'est *la ligne* » et leurs œuvres, où toutes les lignes, sauf deux, dansaient, montrent leur erreur. L'antique, dirons-nous, ce sont *les lignes*, ou mieux c'est *le plan*. Regardez un antique : vous devinez sa face par son profil. L'œil ne peut saisir la forme opposée du côté qu'il regarde, mais il la déduit de ce côté : tournez autour, l'étude des profils vous fournira une irréfutable *preuve par trois*. Le sculpteur outre les demi-teintes par des exagérations légères afin de monter la lumière d'un ton. La draperie vit comme le corps qu'elle recèle, elle en reçoit sa vie, sans qu'il soit besoin du subterfuge de la « draperie mouillée » (1). Il y a dans l'antique un étonnant mystère de vie qui fait disparaître toute notion de taille. Une figure de quelques centimètres pourrait aussi bien atteindre à la grandeur naturelle ; quand une chose est bien organisée, la grandeur est dans le modelé et non dans la dimension. Si l'on photographiait la tour Eiffel et une Tanagra, et qu'on montrât les deux épreuves à quelqu'un qui ne connût aucun des deux objets, je suis sûr qu'il déclarerait la Tanagra plus grande que la tour. Une poire, une pomme, sont, au point de vue du modelé, grandes comme la sphère céleste. Aussi ce resplendissement de la vérité est tel que, ne trouvant pas de mot pour le rendre, nous l'avons appelé Idéal. »

Ces citations suffiront, je l'espère, à montrer la pensée de fond de Rodin. Ces jugements sont la condamnation implicite de l'Ecole : ce sont aussi les définitions de son art classique, aucunement

---

(1) Loïe Fuller a obtenu avec des étoffes non mouillées ces effets chers à l'École parce que sa danse plastique est logiquement déduite de la Nature.

« littéraire » et régi, jusque dans le lyrisme tragique, par le bon sens, c'est-à-dire le goût natif de l'équilibre dans l'audace. Si je tiens tant à insister sur la profonde *normalité* de Rodin, c'est, je le répète, pour bien prémunir le public contre les déclamations de certains de ses malencontreux admirateurs, qui lui font un mérite d'une « originalité » qu'ils confondent avec l'outrance, l'emphase et la bizarrerie, et qui n'est jamais une qualité de grand artiste. Quelque sujet tragique ou passionnel que traite un grand artiste, à quelque degré d'étrangeté que s'élève son imagination, s'il est comme Rodin un grand technicien, la beauté de la forme lui confère une sérénité supérieure et permanente. Rembrandt et Delacroix rejoignent Raphaël et Watteau, du fond de leurs mondes si divers, dans cette région conciliatrice où nous admirons les grands maîtres — et Rodin est placé déjà dans cette région.

# IV



« Quand mon génie m'appelle, j'évite père,
mère, frères et sœurs. Je voudrais défendre ma
porte, et qu'on écrivît dessus : *lubie*. Je sais bien
qu'en fin de compte ce qui me force à m'isoler
vaut mieux qu'une lubie : mais on ne saurait
passer sa vie en explications... Celui qui veut
être un homme doit être un non-conformiste, ne
pas s'arrêter à ce qu'on appelle le bien, mais
s'enquérir si c'est véritablement le bien. Rien
n'est sacré que l'intégrité de votre propre conscience. Si vous pouvez vous absoudre vous-
même, vous aurez le suffrage du monde. »

Ces paroles si élevées d'Emerson, je les citais
à Rodin au moment de l'incident du *Balzac*.
« Elles sont, lui disais-je, l'épigraphe de toute

votre vie. » Elles n'ont point cessé d'être la formule même de l'homme et de l'artiste. Depuis le *Balzac*, le travail de Rodin a continué très régulièrement et selon les mêmes principes. Le *Victor Hugo* se continua sous sa double apparence, en marbre, dans les ateliers de la rue de l'Université. La figure de Hugo assis, le bras imposant silence au flot, est aujourd'hui au Palais-Royal. L'autre, où Hugo debout, conseillé par Iris, rêve au bord d'un rocher que vient caresser la vague où s'enlacent les Néréides, est resté à l'état préparatoire. La *Porte de l'Enfer* est prête à recevoir ses figures définitivement classées et choisies. Rodin a exposé au Salon de 1902 les trois *Ombres* du faîte, celles qu'inspire le célèbre : *Lasciate ogni speranza*. En 1900 Rodin n'a donné à l'Exposition Universelle que deux ou trois œuvres anciennes, puisque son œuvre était réunie dans un pavillon spécial, au rond-point de l'Alma, pavillon dont le mauvais vouloir des confrères rendit la concession difficile, au point qu'on força l'artiste à déménager dès le dernier jour, avec moins de délais et d'égards que pour le moindre exposant industriel. Cette exposition particulière n'en fut pas moins un grand succès international pour Rodin, et on peut dire que de là date l'étonnant développement de sa gloire.

Avant 1900 Rodin avait la situation d'un artiste d'exception célèbre mais jalousé, isolé et contesté, ayant avec l'État des rapports difficiles, soutenu par une minorité, mais mal vu du monde officiel. Depuis, son autorité s'est établie au point qu'il acquit le rang qu'occupait Puvis de Chavannes dans le respect de tous les artistes. Les voyages triomphaux à Prague (1901-1902), l'accueil enthousiaste de Londres, l'élection de Rodin à la présidence de la société que régissait Whistler, ont achevé de donner à Rodin les consécrations tant attendues. En 1903 le buste de Hugo en marbre souleva l'enthousiasme et, au Salon de 1904, le colossal *Penseur* en bronze reçut l'accueil le plus flatteur, désarmant les derniers détracteurs de jadis.

Un buste de femme accompagnait le *Penseur* au Salon. Précédemment Rodin exécuta d'après Mme Fenaille, femme de l'amateur d'art qui lui rendit de sérieux services, une admirable effigie, et acheva un buste de Minerve casquée, imposant comme un Donatello, qui est aussi un portrait.

Divers ouvrages ont été faits par Rodin depuis le *Balzac*, en dehors du *Monument du président Sarmiento* qui montre un admirable bas-relief d'Apollon radieux. Ces ouvrages sont presque tous des petits marbres. Il est à peu près impossible de les décrire et de les classer, il y faudrait un livre bien plus long, et je me suis attaché ici avant tout à donner de l'art de Rodin une idée d'ensemble, une explication de principes. J'ai parlé de quelques-uns de ces poèmes de la chair, notamment de cette *Éternelle Idole* qui sera l'honneur de la pensée sculpturale moderne. Les marbres ultérieurs de Rodin procèdent de la même inspiration. Certains sont plus spécialement à citer. La *Main de Dieu*, main géante entre les doigts de laquelle, parmi une poignée de limon, deux êtres s'étreignent tendrement. L'*Icare* tombant du ciel et se brisant sur le sol dans le tournoiement de ses ailes. Plusieurs groupes d'amants enlacés, d'une tendresse indicible, dont le plus célèbre est le *Printemps*, ou l'*Amour et Psyché*. Une autre *Psyché*, seule, découvre l'Amour endormi, avec une extraordinaire émotion contenue. Divers projets de *Poètes et Muses*, s'embrassant ou se consolant. Une esquisse splendide de *Madeleine essuyant de ses cheveux le corps du Christ*. Rodin a ainsi touché parfois aux sujets religieux, mais avec un symbolisme non dogmatique, philosophique et élargi. On peut citer encore une variante en marbre des *Néréides* du monument Hugo. Une *Inspiration* ailée, venant effleurer le poète endormi et retenant le bout de ses ailes avec une main pour ne pas faire de bruit en refermant son vol. Un faune attirant à lui une nymphe qui se débat en une lutte silencieuse et acharnée. Deux hauts-reliefs de pierre, l'*Eté* et l'*Automne*, grandes femmes avec enfants, destinés à la villa d'Evian où M. le baron Vitta accumule des merveilles de l'art moderne. Une esquisse de *Pygmalion* voyant s'animer sa statue, qui, dès qu'elle se sent vivre, se détourne de lui avec un surprenant mouvement de coquetterie et d'aversion.

On ne peut raconter de telles œuvres : Rodin y excelle, à un degré unique, à peindre les psychologies les plus complexes, les intentions raffinées, les hésitations du sentiment. Je signalerai encore une esquisse de *Sapho* assise, se reposant, les bras appuyés sur deux petites femmes nues, qui est une œuvre autant inspirée des Grecs que du XVIII$^e$ siècle : elle témoigne du souci de l'artiste d'éviter la massivité, de créer dans l'intérieur de la silhouette générale le plus de trous que possible, pour donner de la légèreté et faire circuler la lumière, comme le faisaient les Hellènes dans les œuvres destinées à être dressées sur fond de mer ou de ciel. Beaucoup d'études d'hommes et de femmes accroupis, ramassés, avec de curieux mouvements, font songer à l'art des bronzes japonais, que Rodin admirait infiniment.

A signaler encore quelques groupes de *Femmes damnées*, où l'art de Rodin atteint à son paroxysme de volupté crispée, de suggestion audacieuse, d'acharnement tragique de la chair aspirant à la volupté impossible.

Tout ce monde de figures est régi par la même imagination de poète lyrique, par le même symbolisme incarné dans des formes impeccables. C'est toujours le même art nerveux, troublant, triste et ardent dans la volupté, exprimant l'inassouvissement des âmes, l'aspiration d'une époque tourmentée vers une idéalité qui l'arracherait aux sollicitations du pessimisme, l'espoir de l'évasion par le désir, l'amour cherché dans la surexcitation de la névrose. Sombre psychologue passionnel, Rodin comprend le mal du siècle, et en même temps il en a pitié, en vrai penseur, il en extrait la beauté douloureuse sans cesser d'avoir foi, admiration et amour pour l'être humain. Il est lui-même, penché sur la vie et sur son œuvre, son *Penseur* attentif et déférent devant la divinité inconnue et formidable. Jamais statuaire ne tenta avec cette supériorité intellectuelle de vivifier son art par de telles méditations, et Rodin est à la fois le plus réaliste et le plus métaphysicien des poètes de la pierre et du bronze.

Deux ou trois œuvres plus importantes par les dimensions se détachent de sa production récente: outre un corps de femme nue (bronze), d'une saisissante véracité, et deux esquisses de plâtre qui étonnèrent aux Salons, outre la *Martyre chrétienne*, d'un modelé si magistral, Rodin continua à travailler à son *Ugolin* isolé de la Porte de l'Enfer, et mit la dernière main à deux projets. L'un est le *Monument au Travail*, conception grandiose qu'on rêverait de voir exécuter et élever sur une place du Paris populaire, mais que le manque d'argent défendra de jamais réaliser. C'est une colonne sur un vaste soubassement rectangulaire, à crypte. Deux figures colossales de la *Nuit* et du *Jour* se dresseraient à l'entrée. Dans la crypte se verraient, en bas-reliefs, les travaux souterrains (mineurs, etc.). Autour de la colonne, régnerait un escalier couvert, en spirale, et sur la colonne elle-même serait figuré par des bas-reliefs le travail dans toutes ses manifestations, en sorte qu'en montant l'escalier on étudierait successivement ces phases diverses du génie humain. Au sommet planeraient les *Bénédictions*, deux génies ailés descendus du ciel, qui sont déjà exécutés en marbre, en petite dimension, et comptent parmi les plus belles inspirations de Rodin. Ce colossal projet était déjà conçu en 1897. La maquette est à l'atelier de Meudon-Val-Fleury.

Le monument de Puvis de Chavannes a été confié à son ami Rodin, qui l'a conçu d'une façon originale et charmante. Au lieu de faire l'habituelle statue, il a pensé à la qualité toute grecque du génie de Puvis, et il a voulu lui faire un hommage renouvelé de l'antique. Sur une table simple est placé le buste du grand peintre, comme les anciens le faisaient pour leurs morts, sur de petits autels domestiques. Un bel arbre chargé de fruits s'incline et ombrage la tête. Appuyé à la table, en arrière du buste, un beau jeune homme nu rêve avec une nonchalance heureuse. L'ensemble est intime, doux et pur. Posé au ras du sol, dans un jardin, ce monument votif permettra de comprendre tout ce qu'il y a parfois de délicat, de caressant et de léger dans cette sombre et pathétique pensée de Rodin.

Un autre groupe important est celui d'*Orphée et Eurydice*. Orphée est tombé sur un genou, élevant sa grande lyre vers les dieux qu'il vient d'implorer. Au-dessus de lui, presque sur son dos, suspendue d'une façon que l'équilibre et les conditions matérielles de la sculpture sembleraient interdire, Eurydice plane, miséricordieuse et presque vaporeuse, une vraie ombre immatérielle, au sourire désespéré. Rien mieux que ce plâtre ne ferait saisir l'originalité que Rodin confère aux silhouettes, à la position mutuelle des figures. L'extrême liberté de ses attitudes, le caprice de ses équilibres sont vraiment ce qu'il a apporté de plus neuf dans son art et ce qu'on ne trouve chez personne, en aucun pays ni aucun temps. C'est sa vraie signature, et ce qui le ferait reconnaître parmi cent statues de toutes les époques. Quant à la beauté expressive de ces visages, de ces corps, elle est souveraine. Personne n'a mieux compris ce que peut rendre le nu humain, et toutes les significations intellectuelles qu'il peut recéler. Le nu est pour Rodin tout un langage.

Il y a quelque chose de Corrégien dans ses dernières œuvres spiritualisées, par le tremblement de la lumière sur les formes adoucies et les plans amplifiés. On pense à l'*Antiope*, à la fois molle et musclée, et Rodin y use volontiers de la « morbidezza » comme d'une qualité dont il ne se défie plus, alors que jadis il la bannissait de ses figures ascétiques, nerveuses et sèches. Il donne à ses femmes de pulpeuses chairs de fruits. Les lignes des paysages lui semblent correspondre aux plans des corps ; il me disait un jour qu'en vivant à Meudon en face du déroulement de la Seine, des collines boisées et des champs, il trouvait d'utiles assimilations entre le modelé du corps et celui d'un horizon. Il m'est même arrivé de lui suggérer ce titre « La Colline » pour un corps de jeune homme couché dont la silhouette ressemblait en effet aux ondulations d'une colline, et il a retenu ce titre et cette analogie, car il adorait tout ce qui relie l'être humain à la terre et, en vrai métaphysicien, ne concevait rien d'isolé, rien de distinct dans la nature.

J'en viens maintenant aux dessins de Rodin, dessins qui ne furent d'abord pas faits pour la pivulgation, mais qui, quand même connus, ont surpris et déconcerté. Les dessins de Rodin, comme certains dessins de sculpteurs, ne sont pas des œuvres en elles-mêmes ; ce sont des pensées notées, incompréhensibles si on ne les rapproche pas des sculptures dont elles mentionnent l'idée première ou la variante.

Rodin a publié certains de ses dessins ; il a fait quelques pointes-sèches (notamment la *Ronde*, Antonin Proust, les trois portraits de Henry Becque, face et deux profils dans la même feuille, deux têtes de Hugo), un commentaire admirable des *Fleurs du Mal*, dessins en marges,

pour un exemplaire unique appartenant à
M. Gallimard. On a édité (chez l'habile lithographe
Clot) beaucoup de dessins en noir ou couleurs, et
M. Fenaille a fait faire une admirable édition de
luxe de 142 dessins de Rodin (1). Malgré cette
publicité partielle, il faut considérer ces œuvres
comme réservées, et ce' serait même desservir
Rodin devant le grand public que de les juger
en elles-mêmes, puisqu'elles font partie inté-
grante de ses statues.

Ceci dit, j'insisterai sur la grande beauté de
ces dessins, beauté spéciale et terrible. Beaucoup
se rapportent à Dante. Rodin fit de la peinture
chez Lecoq de Boisbaudran, des paysages, un
portrait de son père, des esquisses d'après
Rubens : mais la peinture n'a jamais risqué de
se mêler à sa vocation, et rapidement ses dessins
ne furent plus que des notes de sculpteur. La
réalité objective des figures dantesques est vague,
si leur réalité subjective est intense : Rodin,
désireux de noter ses impressions et non pas
d'*illustrer*, fit de ses dessins une sorte d'écriture
passionnée, ne s'attachant qu'aux plans, aux

(1) Album de 142 croquis héliogravés par M. Manzi et
édités par la maison Goupil en 1897. Ces dessins, au lavis
ou en couleurs, sont choisis sur les conseils de M. Fenaille,
leur possesseur, qui les a prêtés, parmi les dessins imagi-
natifs de la seconde manière de Rodin.

contrastes de blanc et noir, et négligeant tout détail. Dans ces lavis violents, ces crayonnages, ces griffonnages d'une plume fiévreuse, le spectateur non prévenu ne voit rien, l'amateur averti suit la pensée du créateur. Rien ne ressemble moins à ce qu'on appelle en général « un dessin ». Après les dessins réguliers, les « dessins de peintre » de sa première période, dont l'intérêt est restreint et qu'on ne connaît plus, ceux de sa seconde manière sont des chaos de lumière et d'ombre, d'un aspect fantastique.

Ces dessins sont bien d'un sculpteur, même dans leur coloration qui semble bue par le plâtre ou la terre, et surtout par la fermeté de leur modelé qui s'enlève en touches nuancées de gouache, sur papier gris, ou qui est ménagé par des réserves de blanc. Ces blancs, ces réserves sont le point summum du modelé, la « fleur de lumière » d'un relief enveloppé, plus bas, de demi-teintes qui mènent l'œil jusqu'aux ombres des inflexions ou des creux. Il y a un rapport constant entre le contour et le modelé intérieur. C'est un saisissement qui prend devant l'éclairage fantastique de certains croquis. Rodin renforce encore cette distribution dramatique des lumières et des ombres par un ou plusieurs tons qui accentuent l'impression ou établissent un plan. Souvent son encre se colore de bleu ou de jaune (aquarelles, sépias, encres de couleurs), pour poser une valeur ou aviver le sentiment. Ainsi, dans l'édition Fenaille, le rouge lugubre du visage d'Ugolin, du Mahomet dantesque dont les entrailles pendent, ou telles autres figures enlevées en noir sur un fond violent. On sent très bien en quelle matière sera exécutée l'œuvre dont le croquis est l'idée première. C'est toujours le sculpteur qui travaille, alors même qu'il quitte l'ébauchoir pour la plume ou le pinceau.

Des peintres mépriseraient ces dessins. Ils croient communément que les sculpteurs ne peuvent pas exprimer sur une surface plane le volume et le mouvement d'un corps. En réalité le dessin des peintres et celui des sculpteurs diffèrent d'intention et de facture. Ceux de Rodin sont des traductions de mouvements, nullement décoratives et ne cherchant à exprimer ni le modelé ni le détail, mais pour ainsi dire la géométrie abstraite, la pensée qui commande le mouvement. L'emploi d'encres de couleur, uniquement destiné à modifier certaines valeurs que le noir ou le blanc n'exprimeraient pas au gré de Rodin, a donné lieu à des méprises. Ces couleurs ne sont pas là pour exprimer des teintes réelles, comme dans les dessins rehaussés habituels : on a dit des choses inexactes sur ces colorations, sur l'aspect fantastique et presque japonais de certaines planches. Rodin ne songe aucunement à des estampes en couleurs. Il fait des documents d'instinct, révélant moins une pensée volontaire qu'une native faculté de traduire.

Dans ses dessins anciens, Rodin a *fait allusion*, car j'insiste sur le point qu'ils ne *représentent* rien, à beaucoup de personnages dantesques et de bêtes fantastiques, puis à ses statues. Dans sa seconde période il ne dessine plus d'après des impressions littéraires, mais uniquement d'après le modèle. Il se sert simplement de papier écolier, de crayon ou d'une plume : il fait prendre à son modèle, souvent pendant un repos entre deux séances, une pose quelconque, instable, absolument libre, et il dessine vite un contour sans quitter le modèle des yeux, sans regarder son dessin. La main tombe parfois à vide, la feuille de papier est trop petite, une tête ou un membre ne trouve pas sa place. Bien entendu cet instantané est déformé de la façon la plus imprévue, les proportions sont fausses, mais le schéma du contour et du modelé de chaque morceau est juste. Souvent le crayon, dans sa hâte, esquive la courbure d'un sein ou d'un mollet. L'artiste alors y revient par des traits hâtifs, emmêlés, impatients, se jouant autour du trait juste. Il ne s'occupe que de fixer le premier jet, l'impression toute vive. Après, il rectifie en calquant son croquis, mais désire avant tout amplifier l'impression de vie spontanément obtenue, fidèle à son principe d'élargir la forme pour la mieux situer dans l'atmosphère (environ à la proportion de 5/4 au lieu de 4). Puis il relie les contours et élargit encore les modelés en remplissant le contour d'une coulée de terre de Sienne qui donne la valeur générale, parfois d'un ton d'aquarelle bleu ou rouge. Rodin aime cet exercice de la surprise des mouvements, et il a réalisé ainsi des centaines de dessins qui sont différents des premiers. Ceux-ci visaient à la transcription imaginative d'éléments tragiques et littéraires, avec éclairages étranges, presque semblables aux dessins d'Odilon Redon ; les derniers sont purement des graphiques de mouvements, qui ne sauraient avoir de but et de sens direct.

Je dois ajouter quelques mots sur un point délicat, dont je n'eusse parlé si l'on n'avait dit quelques erreurs à ce sujet. Les dessins de Rodin, et surtout les actuels, ont choqué quelques personnes qui les virent par leur caractère luxurieux. Pourquoi feindre la gêne de s'en expliquer? Il y a dans toute l'œuvre de Rodin un sens pro-

fond et violent de la volupté, et le rude peintre
des vices et des damnations de l'enfer n'a pas à
se soucier de pruderie. La hauteur, le dramatique
de ses conceptions revêtent de la sévère chasteté
du beau les plus osées attitudes. En ses dessins,
faits pour lui seul et dans l'intimité de l'atelier,
Rodin, devant le nu, ne craint pas plus les attitudes érotiques que ne les craignit Hokusaï.
Au fond de l'originelle bestialité, il retrouve la
nature, et la sexualité féminine, ses mouvements,
ses impulsions, l'intéressent parce que la femme
s'y révèle psychologiquement. Tout ce qui, dans
le désir physique, exalte, affole, contorsionne,
enfièvre le corps humain est, pour le sculpteur,
l'objet d'une étude passionnante qu'il ne com-
munique pas au vulgaire, et il n'est pas le seul,
parmi les grands artistes de la forme, que l'éro-
tisme ait intéressé à ce point de vue. Seuls les
médiocres et les esprits capables d'intentions
basses voient de la bassesse dans les mouvements
de la vie. Les recherches de Rodin devant le
modèle nu et libre, sans témoins, dans la sérieuse
présence du travail, n'entachent jamais son
inspiration douloureuse et grande, et son art osé
est bien celui qui éloigne le plus d'idées érotiques,
parce qu'il constate en tout être humain la mélancolie de l'inassouvissement, et fait de la volupté

une souffrance de la chair et de l'esprit. Par là il touche à la moralité profonde de l'art, et sa conscience ignore toute équivoque. Les dessins où il surprend les attitudes animales du modèle sont donc aussi peu douteux, au point de vue délicat dont je parle, que les planches anatomiques ou les tristes impudeurs de l'autopsie.

On ne peut même pas risquer une comparaison avec les eaux-fortes magistrales de Rops, illustrations volontaires de thèmes luxurieux que seule relève la beauté de l'exécution, et qui ne doivent être montrées qu'avec d'expresses réserves. Rodin admire certains bronzes du musée secret de Naples et certaines estampes japonaises, parce que l'art a fait là aussi son œuvre en exprimant un ressort secret et essentiel de la nervosité et de la psychologie humaines, sujet grave et violent que seuls les sots trouvent risible ou indécent, parce que leur esprit l'aborde avec inconvenance et ridicule. Mais je ne sache pas que Rodin ait même jamais cédé au caprice de modeler pour lui quelqu'un de ces sujets, ce que ni Rubens ni bien d'autres ne se privèrent pas de faire.

Les dessins de Rodin, surtout ceux de la dernière période, sont des « brouillons de mouvements ». Certains sont très émouvants et tous documentent précieusement sur ses préoccupations psychologiques et son désir de simplification. Mais ils restent en marge de son œuvre. Il ne les a d'abord montrés qu'à des amis, puis il s'est décidé à en exposer, à s'en laisser arracher — et ils ont causé bien des méprises parce qu'on n'en comprenait ni les conditions d'exécution ni l'intention technique. J'ai toujours pensé qu'il eût mieux valu qu'ils ne fussent pas livrés au public et à la critique. J'ai du moins voulu préciser ici en quelle acception exacte ils doivent être pris par les visiteurs futurs du musée de l'Hôtel Biron.

# V



Je n'ai rien à modifier dans ce portrait que je
traçais jadis vers 1910 :

« Auguste Rodin est personnellement un
homme de taille moyenne, avec une tête énorme
sur un torse massif. On ne voit de lui tout d'abord
que ce buste léonin, cette tête au nez fort, à la
flottante barbe grise, aux petits yeux clairs et
fins, légèrement bridés par la myopie et l'ironie
douce. L'impression de puissance est accentuée
par la démarche roulante sur les hanches, l'aspect
rocheux du front tourmenté sous les cheveux
en brosse rude, l'épaisseur osseuse du nez aquilin,
la torsion ample de la barbe. Mais l'impression
première est en partie démentie par le pli réti-

cent de la bouche, le regard vif, pénétrant, naïf
et malicieux (un des plus composites que j'aie
jamais vus) et surtout par la voix qui est sourde,
nuancée avec difficulté, mêlée d'inflexions graves,
puis tout à coup revenant à une prononciation
dentale dont certains hochements de tête très
expressifs modifient encore le sens et l'intention.
Il apparaît simple, précis, réservé, courtois et
cordial sans enjouement. Peu à peu sa timidité
fait place à une autorité tranquille et singulière.
Il n'a ni emphase ni gaucherie, et semblerait
plutôt morne qu'inspiré. Une immense énergie
émane de ses gestes sobres et mesurés. La lenteur, l'embarras apparent de son langage, les
pauses de sa conversation lui donnent une signification particulière : encore Rodin a-t-il, depuis
quelques années, acquis une réelle aisance de
causeur et même d'écrivain, qu'il ne possédait
pas. J'ai connu intimement Stéphane Mallarmé,
qui était auprès de Rodin d'une éloquence
incomparable, et j'associe souvent en ma pensée
ces deux hommes. C'est la même voix, et c'est,
chez Rodin avec ses phrases improvisées, la
même parole voilée et circonspecte trouvant
tout à coup les mots qui illuminent l'idée.

« Rodin, devant une de ses œuvres, a une façon
de l'expliquer qui est très elliptique, mais très

claire, et qui a fait dire à certains bavards brillants qu'il ne savait pas ce qu'il avait fait parce qu'il n'en présentait pas un commentaire prolixe. En réalité il dit l'essentiel, et son geste, semblant modeler sa pensée dans le vide, achève sa parole. Il regarde avec amour ses créatures, et parfois il semble étonné et rêveur à l'idée de les avoir créées ; il parle d'elles comme si elles existaient à part de lui-même.

« Graduellement on découvre sous la simplicité foncière de Rodin des traits d'abord cachés : il est ironique, sensuel, nerveux, fier. Il contient *en puissance* toutes les passions qu'il exprime avec une troublante magnificence, et on commence à concevoir les liens secrets de cet homme calme, presque débonnaire, avec l'art qu'il révèle. A certains moments ses prunelles claires et un peu vagues s'emplissent de points phosphoriques, la face devient narquoise et presque faunesque ; à d'autres elle s'attriste, et décèle la maladie de l'infini. Cet homme est le compagnon de ses créatures blanches et muettes, il les aime, suit leur vie abstraite, a envers elles des obligations morales. Au fond, la seule préoccupation de Rodin, c'est la vie des formes permanentes. Depuis peu, la célébrité, l'âge et l'expérience l'ont incliné à devenir un conseiller, un maître, et il commence de parler esthétique. Mais ses idées, ses opinions sont restreintes. Il n'aperçoit que très sommairement les êtres humains, sa cordialité est une façon de s'acquitter hâtivement des devoirs de la société. Il a des antennes très fines moralement, si je puis risquer cette expression, et elles lui suffisent à reconnaître ceux qu'il aimera. Très capable d'amitié, Rodin réduit l'amitié à des ententes tacites sur les sujets essentiels de la pensée, et si on se rencontre avec lui sur l'un de ces points, ainsi seulement on prend place dans son souvenir et sa sympathie. Il ne met guère sa foi dans les individus, mais dans les idées générales. Il n'aime que son travail et supporte le reste avec un ennui poli. Il a horreur des discussions et des dérangements. Je ne lui ai jamais entendu dire du mal de mauvais artistes : il néglige, mais ne critique pas. Il a un humour silencieux qui le conduit à faire les bustes de statuaires officiels et médiocres, avec une bonne grâce amusante. Intransigeant en tout ce qui touche à son œuvre, Rodin a supporté durant toute sa carrière des luttes violentes, des injustices graves, sans rien montrer de ses révoltes secrètes, trop fier pour discuter. A l'époque du refus du *Balzac*, tous les amis de Rodin lui disaient : « Résistez, imposez votre œuvre, il le

« faut pour elle, et un tribunal vous donnera sûre-
« ment raison, car votre traité est formellement
« à votre avantage. » Il a écouté, remercié, toujours aimable, puis il a retiré sa statue sans rien
dire.

« Ce n'est pas de la faiblesse, car Rodin a eu une
vie des plus dures et il est patient et fort : c'est
une dignité de vie intérieure et une indifférence
profonde pour la vie ambiante. Haut dignitaire
de la Légion d'honneur, président du jury de
sculpture d'une puissante société d'artistes (la
Société nationale), fêté dans l'Europe entière,
accueilli en Angleterre comme un génie, rempla-
çant Whistler à la tête d'une élite d'artistes,
Rodin est resté l'homme qu'il était, inconnu et
pauvre, dans sa solitude de Bruxelles. Il aime
peu de choses, mais à fond. Il lit peu, mais ce
qu'il a lu il le pénètre mieux que personne, par
exemple Baudelaire et Rousseau, qu'il adore.
Il est passionné de musique, notamment de
Glück, mais en parle rarement. Il simplifie tout,
il ne voit que les plans, en morale comme en art,
vit sur deux ou trois principes, et a l'aversion
de tout ce qui n'est pas essentiel.

« Quand on connaît bien Rodin, on ne peut plus
le séparer de son œuvre. Il ne peut penser que
symboliquement, par lentes couches de sensa-

tions accumulées qui s'élaborent dans les couches profondes de la conscience, et soudain affleurent et prennent un nom. Ses statues sont ses états d'âme. Il est lui-même un être représentatif, étonné de sa propre immanence, et son intelligence est primée par son instinct. C'est pourquoi il lui arrive de ne savoir comment nommer ces êtres qu'il a découverts, comme on découvre par la douleur des coins de conscience qu'on ne se soupçonnait pas. De même que Rodin semble briser autour d'une statue toute faite les fragments du bloc où elle était cachée, de même il est une sorte de rocher recélant des formes, étreignant dans ses secrets replis d'immenses arborescences cristallisées. Avec une psychologie personnelle assez sommaire, il exprime des nuances émotives infiniment flexibles ; sa pensée est comme la monade leibnitzienne, elle semble, quand on voit l'homme, n'avoir pas de fenêtre sur le dehors.

« Rodin a sur la vie sociale des opinions vagues. Il se borne à répéter que le travail fait avec amour est le secret de tout ordre et de tout bonheur. Aimer la vie, les formes naturelles, et ne rien tenter qui désobéisse à la nature et à ses fins, c'est toute sa morale.

« Il voit très peu de monde et ne va chez personne. Il déconcerterait des visiteurs habitués aux artistes élégants, lettrés, informés et brillants. Son atelier de la rue de l'Université, au fond d'une vieille cour encombrée de blocs et ombragée par d'antiques marronniers, est un logis de débutant pauvre. On n'y trouve ni un tapis ni un bibelot : le sol pavé, les murs nus, quelques chaises de paille, des selles, des linges, une mauvaise table de bois encombrée de papiers, des esquisses empilées sur des planches, des blouses pendues à des clous, un poêle de fonte, voilà tout ce que trouvent les nombreux amateurs étrangers qui viennent, et que Rodin reçoit avec une inaltérable amabilité, au milieu de ses praticiens travaillant au monument de Hugo ou à quelque petit marbre. Rodin, en dehors de ses voyages à Londres, à Prague, en Allemagne et en Italie, mène à Paris l'existence la plus retirée, et il est rare qu'on le rencontre. Invariablement il déjeune à son domicile de Meudon, puis vient rue de l'Université travailler ou à l'Hôtel Biron, et rentre chez lui pour dîner. Jadis, avant qu'il eût sa maison de Meudon, il déjeunait dans un café de la place de l'Alma où on a pu le voir pendant vingt ans, et où on finissait par aller le voir un peu comme on a fait pour Ibsen à Christiania. La maison de style XVIe que Rodin possède depuis 1900 à Meudon est située au milieu de vignes, isolée à la pointe d'une sorte de falaise qui domine Paris presque entier, la Seine, le Bois, et fait face aux hauteurs boisées de Saint-Cloud et de Bellevue. Le lieu est vaste et splendide, Rodin y jouit d'immenses ciels, de couchants, d'orages et de clairs de lune qui l'enchantent. A la maison spacieuse, claire, meublée avec la plus grande simplicité, avec quelques toiles d'amis (notamment ses portraits par Sargent et Legros), Rodin a fait accoler le pavillon en fer et verrières où, à l'Exposition de 1900, il avait exposé toute son œuvre au rond-point de l'Alma. Ce pavillon, reconstruit, admirablement baigné de lumière, contient toute la statuaire de l'artiste. Là se trouvent aussi plusieurs petits ateliers où Rodin fait dégrossir des marbres, conserve les moules de ses statues, ou accumule des collections de bronzes, marbres et fragments antiques ou gothiques qu'il ne se lasse pas de découvrir et d'acheter. En cet endroit dont Rodin a pu, après une vie difficile et agitée, se rendre acquéreur, il mène une existence pleinement conforme à ses goûts, parmi de beaux arbres, des fleurs et devant un majestueux paysage. Là il est attachant de voir l'homme au milieu de son œuvre énorme, véritable peuple de statues avec lequel il vit, et qui résume tout son effort et toute son existence, surprenante et imposante cohorte de plâtre, de marbre et de bronze, de cette foule passionnée ou tragique. Rodin reçoit très peu de visiteurs à Meudon, presque uniquement des amis de vieille date, et il passe ses matinées dans son jardin, dans son studio clair et gai, dessinant ou surveillant ses ouvriers. C'est à Meudon qu'il recherche surtout ses ébauches, les grands plans de ses compositions, et souvent il assemble hâtivement, en les reliant avec de la glaise pour voir l'effet, divers membres de plâtre qu'il tire de nombreuses vitrines, véritables galeries de muséum anatomique qui occupent tout un étage, et où s'entassent des centaines de morceaux et d'études. »

Rodin apparaît comme un isolé dans son temps, d'abord par son génie, ensuite par le caractère spécial de sa conception artistique. Cependant cet isolement n'est qu'apparent. Les idées de Rodin constituent, en face de l'enseignement d'École, un corps de principes logiques qui, lentement, amènent à eux les adhésions des jeunes artistes. La longue lutte soutenue par l'impressionnisme contre l'académisme est maintenant entrée dans sa dernière phase : le retour à la tradition française, à la filiation nationale par opposition au néo-classicisme romain. Cette idée, qui est le programme de tous les esprits critiques indépendants et intéressants ici, trouve dans l'œuvre de Rodin sa parfaite démonstration, et la seule qui soit faite dans la sculpture contemporaine. Jusqu'ici Rodin n'a prêché que d'exemple, et on sait combien la critique et le public sont longs à extraire d'une œuvre les idées qu'elle enferme. Mais cette extraction est maintenant commencée, et Rodin lui-même parle avec une autorité incontestée.

Depuis l'Exposition de 1900, sa situation morale a décuplé. La jeunesse salue en lui un chef et ses détracteurs se taisent. Tandis que l'esprit synthétiste et symboliste de Rodin enthousiasme et suggestionne les gens de lettres, la théorie de l'amplification des modelés fait son chemin dans les ateliers de sculpteurs. « Rodin a ouvert une large fenêtre dans la pâle maison de la statuaire contemporaine, déclare le sculpteur Pierre Roche ; d'un métier timide et bien compromis avant lui il a montré qu'on pouvait faire un art audacieux et plein d'espérance. » Cette opinion d'un des plus délicats artistes de cette génération est celle même de beaucoup de sculpteurs indépendants. Il faut citer parmi eux Émile Bourdelle, l'élève et l'ami de Rodin, artiste passionné, vibrant et généreux, dont les œuvres sont de celles qu'on cherche d'abord à chaque Salon. Les deux frères Gaston et Lucien Schnegg, dont le dernier exposait au Salon de 1904 une si belle tête d'Aphrodite, presque digne des Antiques et de Rodin par la mystérieuse et vaporeuse beauté de ses plans. Jules Desbois, praticien de premier ordre et tempérament violemment original. Alexandre Charpentier, ancien collaborateur de Rodin, que son succès dans l'art appliqué n'a pas détourné de sa statuaire expressive et nerveuse. M^lle Camille Claudel, élève de Rodin, qui est la première femme sculpteur de l'art actuel en France et a signé des œuvres admirables. Pierre Roche enfin, bien que sa fantaisie souple et décorative s'interdise l'expression du tragique. Le sculpteur suisse Niederhausern-Rodo, le sculpteur gantois George Minne, qui est un puissant créateur méconnu, le statuaire italien Rosso sont également des partisans de l'art de Rodin, ainsi que l'Anglais Bartlett. D'autre part, il est très intéressant de constater la curieuse influence réciproque d'Auguste Rodin et d'Eugène Carrière, unis par l'amitié et par la même foi esthétique. Eugène Carrière, le peintre le plus profond de la vie intérieure dans l'école française actuelle, a eu de grandes analogies avec Rodin, comme homme et comme artiste. Lui aussi réduit son art à l'essentiel, aux grands plans, à l'amplification raisonnée des surfaces. En sorte que ses figures baignées d'ombre sont analogues aux statues de Rodin, tandis que celles-ci, baignées d'une moite lumière, semblent des Carrière. Le peintre devient massif, puissant, le sculpteur devient vaporeux : Rodin recherche les suavités des pénombres du Corrège, et Carrière désire que ses figures aient la puissance de relief du bronze. Le peintre sacrifie les couleurs à l'étude unique des valeurs et, par le blanc et noir, revient à la sculpture. Rien de plus curieux que cette union de deux grands artistes. Rodin se décida très tard à s'expliquer par la plume : Eugène Carrière a écrit sur l'art des pages trop rares, d'un style admirable et d'une étonnante concentration de pensée, pages qui font penser à Mallarmé et à Baudelaire, et laissent loin derrière elles les médiocrités de la critique de presse. Rodin et Carrière ont leur école, leur cercle d'admirateurs d'élite, et leur double influence aura été peut-être la plus décisive, sinon la plus brillante et la plus bruyante, dans l'art français d'aujourd'hui.

Le caractère dominant de l'opinion sur Rodin, parmi ses amis ou ses détracteurs, c'est qu'il ne ressemble à personne et qu'on ne peut en quelque sorte voir aucune statue auprès des siennes, tant elles sont nées d'une conception particulière. Du fait seul qu'elles existent, elles forcent à choisir entre elles et les autres. Leur silhouette, leurs plans, la qualité de leurs ombres et de leurs lumières en font, techniquement, des œuvres uniques : si un tel homme comprend ainsi la sculpture, ou il a raison contre tout le monde, ou il se trompe totalement, on ne peut l'aimer et approuver la sculpture habituelle. Son génie psychologique et tragique conquiert l'admiration même de ceux qui contestent son exécution matérielle. Rodin ne se pose pas en chef, ni ne se reconnaît d'élèves ; cependant il est un chef, par son œuvre même. »

Il a été le plus grand artiste français et européen de son temps, et l'un des plus complexes et des plus puissants motifs de pensée de l'art moderne. Il ne fonde pas une école, mais il influe sur l'âme d'une génération. Il reste isolé, non susceptible d'imitation ; mais s'il n'était pas, la statuaire serait privée de son premier régénérateur. En inscrivant les passions dans des symboles, il touche à toutes les sensibilités, et il est le maître des poètes autant que des sculpteurs, parce que ses sujets sont moraux, émotifs, jamais commandés par l'anecdote, baignés de lyrisme universel. On a essayé de lui faire grief de l'admiration des écrivains, on a dit (surtout dans le monde de ses confrères) « c'est un littéraire » avec une nuance de dédain. Injustice facile, trop fréquente en une époque où l'intellectualité des peintres et des sculpteurs semble rougir d'elle-même, où ils se font une sorte de faux mérite de prouver qu'ils ont un œil et une main distincts du cerveau. La splendide technique de Rodin annule le reproche et retient l'éloge. Appuyés sur la nature avec force, ses symboles peuvent s'élever. Rodin fascine les poètes parce que, du plus fini des arts, il fait émaner l'infini.

Tout a été par lui patiemment médité. Il ose, et il n'est jamais téméraire : son équilibre, son goût sont d'un classique, malgré l'étonnement incompréhensif des statuaires d'école, hypnotisés par le sophisme du *fini* et de l'*élégance*, confondant l'*exact* et le *vrai*. A la réalité synthétisée dans des symboles correspond une forme synthétisée, une *vérité seconde* : c'est là une proportion que n'observent que peu d'artistes. La plupart, se contentant d'une réalité immédiate, momentanée et anecdotique, la traduisent par l'observation pittoresque ou la copie minutieuse. Cette lutte d'habileté stérile pour transcrire l'instantané est le contraire de l'art, dont le premier trait est de constater les lois de la permanence vitale sous la fugacité des aspects. Là est la raison de l'inquiétude des statuaires et de l'enthousiasme des écrivains, plus familiers avec les idées générales, devant Rodin. A peine au sortir de la crise impressionniste, c'est-à-dire de l'étude de l'instantanéité des lumières et des gestes, il apporte cette *vérité seconde*, la transcription des sentiments généraux et durables dans une forme qui parle autant à l'esprit qu'aux sens. Un tel homme domine autant l'impressionnisme que l'académisme.

Tout un ordre de relations curieuses et profondes entre la sensibilité nerveuse et la pensée, entre la forme et l'âme, est né de cette œuvre. La personnalité de Rodin est spécialement représentative dans la lignée des statuaires français. Il remonte, ai-je dit, aux Égyptiens et aux Grecs par les idées techniques. Par le sentiment tragique il procède directement des Gothiques. C'est à eux qu'il remonte, et aux sculpteurs de la Renaissance française, à Germain Pilon surtout, mêlant les souvenirs grecs, à travers l'influence italienne, à une conception toute nationale, nerveuse et décorative.

On s'étonnera que je n'aie pas déjà prononcé, avec insistance, le nom de Michel-Ange. Tout le monde s'est jeté sur cette comparaison facile. C'est cette facilité même qui m'en a fait défier, et je vois là un malentendu. L'étude attentive de l'œuvre m'a fait quitter de plus en plus cette assertion qui a contenté trop de critiques et d'amateurs. Si on dit que Rodin est le Michel-Ange français en entendant par là qu'il est le plus génial sculpteur de notre École, le plus considérable tout au moins depuis Puget, alors la formule peut s'admettre. Mais s'il s'agit de comparer deux esthétiques, alors on doit reconnaître que Rodin est tout autre chose que Michel-Ange. Michel-Ange est la force musculaire héroïsée. Rodin est, comme Puget dont il se rapproche bien plus que du grand Florentin, la force nerveuse. Il y a beaucoup de Donatello dans la première manière de Rodin ; dans la seconde il y a beaucoup des Grecs, et à peu près rien de Michel-Ange. Son idéal, sa technique, son pathétique sont très différents. Et surtout, il est lui-même.

Il a repris la sculpture exactement à ce moment de l'évolution française du xvie siècle, de l'italianisme dégénérescent. Nous avons eu depuis de grands maîtres : en face de la mauvaise école venue des Alpes, le génie autochtone s'est maintenu victorieusement par les sculpteurs des œuvres décoratives du parc de

Versailles, Le Hongre, Tuby, Houzeau, Raon, si injustement oubliés, par Coysevox, Houdon, Puget, Pajou, Pigalle, Clodion, Falconet, Coustou, Rude, Carpeaux et Barye, lignée de splendides inventeurs de formes qui tous, en face de l'École officielle, ont représenté les qualités les plus intimes de leur race. De tous ces hommes, Rodin est l'émule, par l'importance de son œuvre ; peut-être l'avenir le considérera-t-il comme le résultat magnifique de leur effort poursuivi durant trois siècles. De cette série d'artistes, Puget, Rude et Barye sont ceux avec lesquels il a les rapports techniques les plus directs (1). Mais il a été moins décoratif que Puget et moins gêné que lui par les sujets imposés ; il a été plus loin que le grand Rude dans l'expression de l'émotion intérieure, et il surpasse encore Barye en puissance du modelé, en hardiesse de la silhouette. Il s'est créé un monde qui est bien à lui, et une sensibilité, un pathétique qui ne se rencontrent nulle part et sont l'âme elle-même de son époque.

On ne peut donc placer Rodin qu'auprès de

(1) Cela pourrait être dit aussi à propos du grand Carpeaux qui porta à un si haut degré l'art du mouvement et de l'expression et fit contre l'École la même œuvre libérale que Rodin devait faire plus tard. Mais leurs visions, leurs buts, leurs esprits diffèrent profondément.

Puget et de Rude. Comme Puget, il déborde de vitalité, de frénésie passionnée, il a le culte de la puissance, des êtres héroïques ; mais les siens sont tristes, plus proches de l'ascétisme des Gothiques et de la névrose baudelairienne que de l'éclatante pompe du xvii<sup>e</sup> siècle où Puget transposa ses héros romains et cornéliens. Comme Rude, il est attiré par le profond, par la tragédie de l'âme ; mais il est plus abstrait que l'auteur du *Napoléon s'éveillant à l'immortalité*, de la *Jeanne Darc* ou de la *Marseillaise*.

Rodin est plus général, plus synthétique, il s'adresse à des symboles permanents, hors des âges et des races. En reprenant, comme par défi, les sujets mythologiques les plus gâtés par l'École, il a montré comment un grand esprit sait renouveler toutes choses et leur imposer la magie de sa vision. C'est le plus symboliste de nos génies, et si le modelé grec, l'austérité gothique, la force de Puget et de Rude ont aidé Rodin à composer sa personnalité, la fusion de ces éléments, l'adjonction d'un rêve personnel, une extraordinaire faculté de contemplation lui ont permis, comme à Wagner issu de Bach, de Beethoven et de Liszt, de constituer, après tous et à l'écart, une œuvre qui les résume et les oublie pour devenir à son tour une initiatrice.

Là où Rodin est inimitable, c'est dans l'expression de la volupté et de toutes ses douleurs latentes : là s'évoque invinciblement le souvenir de *Tristan et Isolde*, un tel paroxysme qu'il toucherait à la plus périlleuse région de l'art exceptionnel, si Rodin n'était maintenu dans la normalité et protégé contre les audaces de son imagination tourmentée et étrange par son imperturbable sûreté technique et son amour pour quelques maîtres. Comme Baudelaire, comme Poe, sa forme pure et grandiose le sauve ; comme Dante, cet amant de la beauté sombre se penche sur l'enfer passionnel sans y tomber.

L'art de Rodin est sain parce qu'il se nourrit de vérité naturelle, de logique générale. Il est l'incomparable peintre de l'homme courbé par la pensée intensive, mélancolique, fiévreux, crispé ; mais il est aussi, avec une tendresse ingénue que Wagner ne connut pas, le caressant créateur de femmes amoureuses, le poète de la jeunesse enlacée et radieuse. Un génie seul peut avoir la diversité d'esprit qui engendre les *Bourgeois de Calais*, ascétiques et médiévaux, l'*Enfer* paroxyste, le *Balzac* presque abstrait, les bustes de bronze dignes de Donatello, et les effigies de femmes taillées dans le marbre radieux et doré de l'Attique par un sensuel enivré et subtil qui a retrouvé l'âme des beaux Hellènes. Cette union d'une technique évoquée d'après les secrets de l'antique et d'une expressivité de tous les sentiments humains, de la suavité à la luxure, de la mysticité au pathétique, de la névrose à la candeur de la chair, cette union des contraires et cette universalité, on ne les trouve chez aucun de nos précurseurs. Ni Puget, ni Rude, ni aucun de nos maîtres n'ont eu cette ubiquité intellectuelle, cette force de condensation ; en cela il semble dès maintenant permis de donner à Rodin la suprématie dans la riche école française, et de prévoir ainsi le jugement de l'avenir, devant lequel il grandira encore.

En tout cas, il était temps qu'il survînt : il a été aussi utile que Manet par son intervention dans l'art français. A l'exception du seul Dalou, la statuaire était tombée très bas depuis la mort de Carpeaux et de Barye ; la déplorable école du Second Empire l'avait conduite à la dégénérescence, et nous ne comptions dans notre sculpture personne qui correspondît aux grands impressionnistes. Les Injalbert, Chapu, Mercié, Frémiet, Saint-Marceaux, Falguière, ne sont que de faux grands sculpteurs ; le groupe de l'École, de Coutan à Barrias, à Aubé, à Guillaume, est l'exemple même de l'insignifiance prétentieuse. Quelques vigoureux tempéraments, ou des techniciens de sérieux mérite comme Théodore Rivière, Jean Dampt, Gardet, Camille Lefèvre, Devillez, Jean Baffier, Derré, Dejean, Halou, n'ont pas su composer leurs efforts au point de créer une véritable école. Ils ont produit sans atteindre à une cohésion de pensées capable de guider une génération nouvelle. Bartholomé, pensif, pur, rêveur et altier, est à l'écart. Maillol, surfait, pastiche l'art cambodgien et khmer. J'ai parlé du groupe qui s'est spontanément rangé auprès de Rodin. Lui est apparu au milieu de cette statuaire intéressante, inégale et dispersée, avec l'autorité d'un maître et d'un prophète, remettant, par son œuvre, la question sur ses véritables bases, montrant d'où l'on venait, ce qu'il fallait éviter, où il fallait aller, avec une lucidité dans l'évidence qui fait de l'intervention de Rodin, au même degré que celles de Goujon et de Puget, une date capitale dans l'histoire de l'école française.

Ces jugements, que la mort autorise, pouvaient être déjà portés depuis quelques années, car Rodin avait presque cessé de produire. Malade, usé par le labeur et les luttes, il ne pouvait guère travailler. Quelques bustes, admirables d'ailleurs, ceux de M. Clemenceau, de M. Clémentel, du pape Benoît XV enfin (sa dernière œuvre, exécutée à Rome en 1915) auront clos sa carrière si féconde. Il allait à Londres, à Prague, à Rome, où il était accueilli en prince de l'art. Il méditait, lisait, écrivait, recevait des admirateurs et des critiques venus de tous les points du monde, revoyait ses créations en ses ateliers de Meudon ou en ce vaste Hôtel Biron dont il aimait la noble ordonnance et les beaux jardins. Il l'avait loué lorsque la laïcisation, fermant la maison d'éducation religieuse qui l'occupait, avait rendu accessible au public cet antique logis, une des merveilles du Paris du XVIII° siècle. Après quelque temps on voulut, pour y installer les bureaux annexes de quelque ministère, en expulser l'artiste. La troisième République, au lieu d'offrir un palais à son plus glorieux sculpteur comme l'eussent fait Florence ou Venise, ne voulait pas même le lui louer. Rodin tenait beaucoup à terminer ses jours en ce cadre harmonieux, et pour en demeurer le locataire à vie, il paya d'un prix royal: le don de la totalité de son œuvre, de ses collections et de sa fortune à l'État français. Rodin était devenu très riche, les musées et les collections du monde entier — y compris ceux et celles de l'Allemagne, hélas ! — se disputant à prix d'or ses moindres esquisses. Mais sa vie, comme celle de sa femme (il était sans enfants et M<sup>me</sup> Rodin mourut en 1915), restait très simple, celle d'un petit bourgeois, sans même le luxe d'une voiture. Tout son avoir était consacré à l'achat de statues antiques, de miniatures persanes, de tapis, de céramiques d'Orient. Les marchands venus d'Asie Mineure avec de beaux fragments, avant d'aller les proposer aux conservateurs de musées, les offraient à Rodin. Il n'exigeait guère de certificats de provenance ; comme il me le disait un jour en souriant : « Je n'ai pas besoin de papiers d'identité, je regarde, je palpe, — et comme je m'y connais un peu, je vois que c'est un bel antique, et j'achète. » Il avait ainsi parsemé l'Hôtel Biron et les jardins de sa villa du « Chemin des Brillants » à Meudon d'une admirable série de marbres et de bronzes, mêlés à ses propres œuvres qu'il y exposait volontiers aux patines du soleil et de la pluie. L'offre qu'il fit à l'État représentait donc plusieurs millions : on a dit huit, malgré une estimation jalouse et dénigrante, il s'agit peut-être de dix ou douze. Rodin proposait qu'en échange de cet abandon de la totalité de ses biens meubles et immeubles on le laissât finir dans le décor de l'Hôtel Biron une vie qu'il pressentait courte, et qu'on fît de ce lieu un « Musée Rodin » après sa mort. L'affaire traîna longtemps. Le Parlement, dont le vote était nécessaire, ne semblait pas se douter qu'en Amérique, en Angleterre, en Italie, on avait créé de véritables palais pour y loger les moulages des chefs-d'œuvre du grand Français ; et, un peu plus, tout eût émigré, car Rodin écœuré songeait à achever sa vie à Londres ou à Rome. On boudait à son legs au lieu de l'en remercier. Au début de la guerre, vingt œuvres de lui se trouvaient réunies à Londres pour une exposition : les détenteurs furent fort embarrassés pour les restituer, ils craignaient que le vaisseau ne fût coulé par les sous-marins allemands. Rodin écrivit simplement : « Gardez ces œuvres. Je les donne à la nation alliée, comme remerciement d'un vieil artiste de la France en guerre. » Lorsqu'enfin la discussion du legs Rodin vint à l'ordre du jour de la Chambre, il se trouva des députés pour déclarer « qu'on avait mieux à faire et que M. Rodin prenait mal son temps pour faire encore parler de lui », oubliant que le projet dormait dans les bureaux depuis plusieurs années. On faillit le refuser net : il y eut des oppositions aussi impertinentes qu'incompréhensives. La jalousie des milieux académiques restait toujours aussi sournoisement active. Enfin on daigna accepter l'hommage du génie — sans même voter un remerciement, et jusqu'à la dernière minute les rancunes occultes auront agi : car on avait annoncé des obsèques nationales, on les supprima en alléguant avec imprécision que c'était « en raison des circonstances », et le plus grand des artistes français fut simplement inhumé par ses amis dans le jardin de sa maison de Meudon, où il avait préparé sa tombe auprès de celle de sa femme. Il est à peine utile d'ajouter que Rodin, grand-officier de la Légion d'honneur et de divers ordres étrangers, docteur « honoris causa » d'Oxford et de maintes Universités, ne se présenta jamais à l'Académie des Beaux-Arts, qui ne le revendiqua pas plus que Puvis de Chavannes, malgré le vague bruit d'une candidature « in extremis », annoncée l'avant-veille de sa mort par les journaux. Ces détails ne serviront qu'à montrer que la France officielle n'a pas vu en Rodin le génie exceptionnel, honneur d'un temps et d'une race, que le monde civilisé et même l'Allemagne lui enviaient. Le temps, éteignant les jalousies et auréolant les grandes figures, se chargera de réparer, et fera du Musée Rodin un de nos pèlerinages d'art. On dira de plus en plus que Rodin fut la plus grande gloire artistique française de la fin du XIX<sup>e</sup> siècle et du début du XX<sup>e</sup>, et peut-être le plus complet génie que notre sculpture ait connu, entré vivant, comme Hugo, dans l'immortalité.

# VI

Appendice. — Catalogue chronologique des principales œuvres de Rodin. — Ouvrages et articles écrits sur lui. — Iconographie.

On doit considérer que la période de production réelle de Rodin s'est étendue de 1877, date de la révélation de l'*Age d'airain*, à 1907 environ. De 1907 à sa mort en novembre 1917, l'artiste, à l'exception de quelques bustes, quelques fragments et des dessins, a peu ou point produit. Sa santé chancelante lui interdisait toute grande entreprise, il s'occupait surtout de classer, de retoucher son œuvre antérieure, d'en surveiller les reproductions, il voyageait, se reposait, écrivait. Les trente années 1877-1907 enferment vraiment tout ce que l'avenir retiendra de son génie.

Un catalogue chronologique absolument complet de ses créations est à peu près impossible.

Lui-même y avait renoncé. Il faut songer que jusqu'en 1877 il a fait une foule d'études qu'il a détruites, et un tel producteur néglige des morceaux dont d'autres s'enorgueilliraient. Dans sa vie pauvre et errante, Rodin a dû abandonner bien des choses. Comment défalquer les figures retouchées ou même exécutées chez Carrier-Belleuse, les premières œuvres, les personnages exécutés à Bruxelles, les statues ébauchées et inachevées faute d'argent, celles brisées ou manquées, tout ce labeur énorme accompli pendant vingt ans par un homme qui travaillait chaque jour? Comment même dénombrer les esquisses et les variantes qui s'entassent à l'atelier de Meudon, au Clos Payen, à la rue des Fourneaux, à Vaugirard? C'est un véritable monde. Je me bornerai donc à un relevé des œuvres connues et exposées : aussi bien est-ce l'essentiel.

## RELEVÉ DES PRINCIPALES ŒUVRES EXPOSÉES

1864. *L'Homme au nez cassé.*

1865-1870. *Travaux à l'atelier Carrier-Belleuse.*

1872-1877. *Frises à la Bourse et travaux divers à Bruxelles.*

1877. *L'Homme des premiers âges (l'Age d'airain). Travaux décoratifs au Trocadéro.*

1878-1880. *Saint Jérôme. Saint Jean-Baptiste. Travaux à la manufacture de Sèvres. Concours pour le monument de la Défense nationale.*

1881. *Adam* (détruit). *Eve.*

1882. *Ugolin* (esquisse reprise plus tard). Bustes d'*Alphonse Legros* et de *W.-E. Henley.* Recherches pour la *Po te de l'Enfer.*

1883. *Bellone. Le général Lynch* (statue équestre). *Le Génie de la guerre.*

1884. *Monument du président Vicunha. Buste de jeune femme.*

1885. *L'Homme au serpent.* Bustes de *Dalou, Hugo, Antonin Proust.*

1886. Première esquisse du *Monument Hugo.* Dessins relatifs à la *Porte de l'Enfer.* Buste de *Henry Becque. Le Baiser*, petit groupe.

1887. *Persée et Gorgone. Tête de saint Jean décapité.*

1888. *La Danaïde. L'Homme qui marche*, nu d'un des *Bourgeois de Calais.* Divers petits groupes.

1889. Recherches pour la *Porte de l'Enfer* et le *Monument de Claude Lorrain. Torse de femme. Le Groupe du Songe, le Songe de la Vie, Femmes damnées* (marbres). *Hécube.* Buste de *Roger Marx. La Misère. La Pensée* (marbre).

1890. *Buste de jeune femme* (en argent). *Torse de saint Jean. Frère et sœur.*

1891. *La Cariatide. La Jeune mère. Nymphe.*

1892. Bustes de *Puvis de Chavannes* et de *Henri*

Rochefort. *La Douleur. Claude Lorrain. Les Bourgeois de Calais.*

1893. *La Mort d'Adonis.* Médaillon de *César Franck. Galatée.* Buste de *Séverine. La Crête et la Vague. Résurrection. Achille enfant* (groupe plâtre).

1894. *L'Eternel printemps. L'Espoir. Figure allongée vue de dos. Orphée et Eurydice* (première version). *Christ et Madeleine.*

1895. Inauguration des *Bourgeois de Calais. L'Illusion fille d'Icare.* Médaillon d'*O. Mirbeau.* Études de nu pour le *Balzac. L'Homme accroupi.*

1896. *La Voix intérieure, La Muse de la colère* (pour le *Monument Hugo*). *Le Vainqueur. Minerve. Le Poète et la vie contemplative. Baigneuses.* Études pour le *Balzac.*

1897. *Victor Hugo. Balzac. Monument du président Sarmiento.*

1898. *Statue de Balzac. Buste d'un jeune Américain. Buste de M^{me} F...* Statue de *Sarmiento,* avec haut-relief d'*Apollon* en marbre. *Monument du Travail. Les Bénédictions,* marbre. *Le Crépuscule. Les Nuages. La Parque et la jeune fille.*

1899. Travaux pour le *Monument Hugo.*

1900. Groupes en marbre. Exposition du rond-point de l'Alma.

1901. *Ombres* (pour la *Porte de l'Enfer*).

1902. Groupes en marbre. *La Main de Dieu.* Bustes.

1903. Buste de *Hugo. Le Poète et la Muse.* Diverses

esquisses. *Ugolin* (nouvelle version). *L'Enfant prodigue.*

1904. *Le Penseur.* Plusieurs marbres en cours d'exécution.

1905. Plusieurs bustes, exposés au Salon d'automne.

1906-1908. *Monument à Puvis de Chavannes.* Dessins.

1909-1910. Esquisses. Dessins aquarellés. Version du buste de Puvis de Chavannes pour être placé au Panthéon devant les fresques de la *Vie de sainte Geneviève.*

1911-1914. Bustes de *Clemenceau,* de *M. Clémentel.* Dessins aquarellés.

1915. Buste du pape *Benoît XV.*

On peut donc évaluer l'œuvre à environ douze monuments de grande dimension, quarante groupes ou statues, une quarantaine de bustes importants, deux cents figures ou portraits, sans compter les fragments et esquisses.

J'indiquerai maintenant quelques écrits significatifs et fidèles, en négligeant, bien entendu, quantité d'articles sans valeur, car Rodin a prétexté un considérable nombre d'écrits, directement ou indirectement, et c'est l'artiste moderne français dont on a le plus parlé, avec ou sans justesse. Les ouvrages cités sont de ceux qu'on pourra consulter sans inutilité :

## ARTICLES OU LIVRES RELATIFS A RODIN

*Balzac et Rodin*, par Roger Marx (*Le Voltaire*, mars 1892).

*Claude Lorrain*, par Roger Marx (*Le Voltaire*, juin 1892. Excellentes études de critique sculpturale).

*Auguste Rodin*, par Roger Marx (*Pan*, 1897) et *l'Image*, septembre 1897.

*Les dessins de Rodin*, 129 planches contenant 142 héliogravures (maison Goupil, 1897), sur les indications et les prêts de M. Fenaille.

*L'Atelier de Rodin*, par Edouard Rod (*Gazette des Beaux-Arts*, mai 1898).

*Exposition de* 1900 : *l'Œuvre de Rodin*, avec quatre préfaces d'Eugène Carrière, Jean-Paul Laurens, Claude Monet, Albert Besnard.

*Rodin et Legros*, par Arsène Alexandre (*Figaro*, juin 1900).

Articles de Georges Rodenbach et Gustave Geffroy (*Figaro*, *Justice*, *Dépêche* de Toulouse, à diverses époques).

*La Porte de l'Enfer*, par Anatole France (*Figaro*, 1er juin 1900).

*La Revue des Beaux-Arts et des Lettres*, 1er janvier 1899. *La Plume*, 1900, numéro spécial. *Les Maîtres artistes*, numéro spécial, 15 octobre 1903. Fascicules illustrés réunissant un certain nombre d'études critiques de divers auteurs.

*Rodin*, par Léon Riotor, plaquette reproduisant en français, allemand, anglais, italien, espagnol et russe une étude parue dans la *Revue populaire des Beaux-Arts*, 8 avril 1899.

*Rodin statuaire*, volume critique illustré, par Léon Maillard. Floury, 1899.

*Le sculpteur Rodin pris sur la vie*, volume par M^{lle} Judith Cladel. *La Plume*, édit., 1903.

*Rodin*, articles par W. E. Henley, 1890 ; D. S. Mac Coll, 1902 ; Henri Duhem, 1902 ; Karel B. Madl, Prague ; Vittorio Pica, Rome.

*L'Art*, entretiens avec Rodin, recueillis et classés par Paul Gsell.

MM. Georges Lecomte, Gustave Geffroy, Armand Dayot, Octave Uzanne, entre autres, doivent encore être comptés parmi les premiers amis et les plus sagaces défenseurs de l'art et de la personne de Rodin.

Avant la guerre, j'eusse ajouté à cette bibliographie un assez bon nombre d'ouvrages allemands, car les Allemands ont toujours admiré Rodin, même alors qu'il était encore contesté chez nous, et leur critique a fait preuve à son propos de sa prolixité coutumière. Elle a même démontré, selon les théories de H.-S. Chamberlain, qu'un si grand génie ne pouvait être que germanique, en droit sinon en fait, et elle l'a gravement

« annexé » comme Shakespeare ou Michel-Ange !
Des divers travaux français et étrangers que j'ai
mentionnés il faut surtout retenir ceux de Roger
Marx, pour la compréhension technique, le livre
sincère et bien renseigné de Léon Maillard, celui
de M^lle Cladel, le premier qui ait recueilli les
conversations de Rodin sur l'art et ait entrepris
de faire connaître Rodin dans l'intimité, avec
une finesse charmante. C'est un ouvrage qui mériterait d'être beaucoup plus connu et apprécié, et
dont les premiers thuriféraires de Rodin, jaloux
d'être seuls à « inventer » l'artiste, se sont bien
gardés de parler. L'article du délicat peintre Henri
Duhem est également excellent, et je tiens celui
de M. Mac Coll comme fort remarquable par
l'élévation et la précision du jugement. Le reste
vaut ce que valent les articles admiratifs écrits
en hâte dans les journaux : ils affirment des sympathies ou commentent lyriquement des sujets,
mais leur valeur critique est négligeable et je n'ai
rien à en citer pour renseigner le lecteur. Le *Balzac*
a suscité une foule de chroniques. Il faut mettre
à part l'admirable préface d'Eugène Carrière que
je tiens à reproduire ici, parce qu'elle est un
chef-d'œuvre de synthèse divinatrice (1) :

(1) Préface du catalogue de l'exposition particulière
Rodin, pavillon de l'Alma, 1900 (ouvrage cité plus haut),

## L'ART DE RODIN.

« L'art de Rodin sort de la terre et y retourne, semblable aux blocs géants, rochers ou dolmens qui affirment les solitudes et dans l'héroïque grandissement desquels l'homme s'est reconnu.

« La transmission de la pensée par l'art, comme la transmission de la vie, est œuvre de passion et d'amour.

« La passion, dont Rodin est le serviteur obéissant, lui fait découvrir les lois qui servent à l'exprimer, c'est elle qui lui donne le sens des volumes et des proportions, le choix de la saillie expressive.

« Ainsi la terre projette au dehors ses formes apparentes, images, statues qui nous pénètrent du sens de sa vie intérieure.

« Ce sont ces formes terrestres qui furent les initiatrices véritables de Rodin. Ce sont elles qui l'ont libéré des traditions d'école, c'est en elles qu'il a retrouvé son être et l'instinct créateur des hommes dont l'humanité se réclame.

« Les arbres, les plantes, lui ont révélé leur analogie avec ces belles jeunes femmes aux jambes lisses montant, frêles colonnes, jusqu'au torse

les autres préfaces par Claude Monet, A. Besnard, J.-P. Laurens.

mouvant où se gonfle le sein sur lequel lourde-
ment s'appuie la tête dans l'accompagnement
d'un cou souple et fort ; ainsi un beau fruit, plein
de sève, contraint sa branche.

« Le front massif ombre les yeux, et la joue
doucement amène la lèvre à l'amoureuse demande.

« Les formes se cherchent et se rejoignent dans
de voluptueux désirs de violence et de résigna-
tion, révoltées et obéissantes aux lois auxquelles
rien ne se dérobe : partout triomphe une logique
consciente.

« L'esprit généralisateur de Rodin lui a imposé
la solitude. Il n'a pu collaborer à la cathédrale
absente : mais son désir d'humanité le relie aux
formes éternelles de la nature. »

Après un tel morceau, où chaque mot est signi-
ficatif, éloquent et réfléchi par un grand artiste,
tout semble pâle. Je ne veux cependant pas
borner à une sèche mention l'étude de Vittorio
Pica, le grand critique italien qui organisa avec
générosité la participation de Rodin à l'Exposition de Venise (Galerie d'Art moderne, 1897) ;
et j'aurais aimé citer le bel article d'Anatole
France, certaines assertions de M. Mac Coll qui
a très logiquement rappelé le souvenir du statuaire Auguste Préault, qui fut en effet, lui trop
oublié, une sorte de précurseur imparfait de

Rodin. Je transcris du moins quelques lignes de W. E. Henley, qui fut dès la première heure un clairvoyant admirateur de Rodin et en parla avec une éloquente passion :

« Il devra être vrai, je l'espère ainsi, que, selon l'opinion de Dalou, la Porte de l'Enfer apparaîtra au siècle à son déclin comme un chef-d'œuvre de premier ordre, et qu'auprès de Michel-Ange nulle figure ne s'élévera plus puissante que celle de Rodin. Ses bustes suffiraient à lui donner une place enviée dans les temps futurs, ils atteignent l'absolu dans l'art. Si l'on veut concevoir le millième d'une idée sur la souveraine passion de Paolo et Francesca, — *la bocca mi bacio tutto tremante,* — passion que nul n'a rendue depuis que la sculpture existe, il faut voir Rodin. Ce n'est pas de la littérature mise en reliefs, c'est de l'art sculptural, qui domine la forme littéraire qui le prétexta. Rodin est avant tout un sculpteur, son talent exprime incomparablement la passion, mais il se nourrit de la ligne et de la forme... Rodin est notre Michel-Ange : s'il ne l'était pas il eût pu être notre Donatello. Avec Phidias, Lysippe et les maîtres des vingt-cinq siècles écoulés, peut-on mieux affirmer le génie du Maître qu'en déclarant que son art fut le leur? »

On le voit, l'enthousiasme de Henley revient

à la comparaison de Michel-Ange et de Rodin. Je persiste à penser que leur ressemblance tient plutôt à l'identité morale, à la conception qu'à la technique. Le grandissement musculaire du héros italien n'est pas l'amplification et l'expressivité *avant tout nerveuse* de Rodin. Il n'en est pas moins vrai que ces deux hommes sont les seuls à avoir rêvé et réalisé une conception sculpturale d'aussi vaste envergure. Même Puget et Rude, entre eux, n'osèrent pas de tels ensembles que le *Tombeau des Médicis* ou la *Porte de l'Enfer*.

MUSÉES. — Rodin compte, au musée du Luxembourg (Paris), les œuvres suivantes :

*L'Age d'airain*, primitivement placé dans le jardin du Luxembourg près de l'École des Mines.

*La Danaïde* (marbre).

*La Pensée* (marbre).

*Le Saint Jean-Baptiste prêchant* (bronze).

*La Belle Heaulmière* (bronze).

*Buste de Jean-Paul Laurens* (bronze).

*Le Baiser* (marbre).

*Buste de M*<sup>me</sup> *V...* (marbre).

*Femme accroupie* (bronze). Plusieurs bustes récents (en bronze).

Au Petit Palais (ville de Paris) : 1 œuvre.

A Béziers, Cognac, Dijon, Douai, Lille, Lyon : plusieurs œuvres.

A Bruxelles : 1 œuvre.

A Copenhague : plusieurs œuvres.

A New-York, Boston, Chicago, Philadelphie : œuvres.

A Helsingfors : 1 œuvre.

A Rotterdam : 2 œuvres.

A Genève (musée Rath) : 3 œuvres.

A Venise, Christiania, Saint-Pétersbourg, Stockholm, Dusseldorf, Munich, Weimar, Vienne, Prague (hôtel de ville) : dans chaque ville : 1 œuvre.

A Hambourg : 3 œuvres ; Hagen : 3 œuvres ; Berlin, Charlottenbourg (Neue Gallerie) : 5 œuvres ; Crefeld : 2 œuvres ; Buda-Pesth : 5 œuvres.

A Londres : Victoria and Albert Museum : 2 œuvres ; British Museum : 1 œuvre ; Glasgow : 1 œuvre.

Musée de Marseille : la *Voix intérieure* (plâtre).

En ces divers musées, originaux ou moulages.

Collections privées. — M. Vever (*Eve* en marbre) ; M. Pontremoli (la *Défense nationale*) ; M. Antony Roux (le *Baiser*) ; M. Roger Marx (buste : la *Jeune mère*) ; M. Blanc (l'*Eternelle Idole*) ; M. Desmarais (l'*Idylle*) ; M$^{me}$ Durand (la *Pensée*, marbre donné au Luxembourg) ; M. Peytel (divers groupes) ; M$^{me}$ Russell (*Minerve*) ; M. Fenaille (la *Source*, buste de M$^{me}$ F...) ; le *Poète et la Vie contemplative* (colonne torse avec figures, surmontée d'un masque) ; M. le baron Vitta (hauts-reliefs pierre) ; M$^{me}$ la marquise de Carcano (*Tête de saint Jean décapité*, marbre).

(Ce relevé est, bien entendu, très sommaire et ne concerne que les collections parisiennes.)

Je dois ajouter séparément, à la série des ouvrages publiés sur Rodin, ce qui me concerne : 1º une étude intitulée *L'Art de M. Rodin* (*Revue des Revues* du 15 juin 1898), morceau approuvé par l'artiste et très souvent reproduit ; 2º une conférence prononcée le 31 juillet 1900 à l'Exposition Rodin et publiée par la *Plume* avec 4 dessins inédits'; 3º une étude sur le milieu, la personne et l'influence de Rodin, parue dans la *Revue universelle* en 1901 et également reproduite, notamment dans les *Maîtres Artistes* (numéro spécial du 15 octobre 1903).

Le prix élevé de l'ouvrage édité par la maison Goupil (*Cent quarante-deux dessins de Rodin*) empêche que cette belle publication soit accessible au public. Le photographe amateur Druet a exécuté d'après l'œuvre complète de Rodin des photographies assez vaporeuses, mais qui rendent admirablement la caresse de la lumière sur les grands plans, et en quelque sorte l'atmosphère artistique des statues. MM. Haweis et Coles ont également réalisé de belles et curieuses épreuves. Plus classiques, mais aussi plus nettes sont les belles photographies de l'éditeur d'art Bulloz.

PORTRAITS. — Il existe un remarquable portrait de Rodin par M. John Sargent (datant d'environ trente ans). Un, également ancien, par Alphonse Legros (profil), plus une tête de fantaisie, coiffée d'une sorte de tiare. Deux plus récents, par Alexander et J.-E. Blanche. Trois bustes, par Jules Desbois, M<sup>lle</sup> Camille Claudel et M. Émile Bourdelle. Une lithographie, par Eugène Carrière. De très nombreuses photographies, dont les plus curieuses ont été exécutées par M. Steichen.

CORBEIL. — Imprimerie CRÉTÉ.